高等职业教育财务会计类项目化实训系列教材

Project-Based Workbook of Accounting Integrated Practical Training

会计综合实训项目化工作手册

付裕　杨丽华　张烨　主编
杨欢　张铮　唐敏　刘祎　曹立　副主编

东北财经大学出版社 Dongbei University of Finance & Economics Press　大连

图书在版编目（CIP）数据

会计综合实训项目化工作手册 / 付裕，杨丽华，张烨主编．—大连：东北财经大学出版社，2024.7．—（高等职业教育财务会计类项目化实训系列教材）．—ISBN 978-7-5654-5294-9

Ⅰ．F230

中国国家版本馆CIP数据核字第202453VW76号

东北财经大学出版社出版

（大连市黑石礁尖山街217号　邮政编码　116025）

网　　址：http://www.dufep.cn

读者信箱：dufep@dufe.edu.cn

大连图腾彩色印刷有限公司印刷　　东北财经大学出版社发行

幅面尺寸：185mm×260mm	字数：348千字	印张：15.5
2024年7月第1版		2024年7月第1次印刷
责任编辑：王天华　孟　鑫		责任校对：那　欣
封面设计：原　皓		版式设计：原　皓

定价：38.00元

教学支持　售后服务　　联系电话：（0411）84710309

如有印装质量问题，请联系营销部：（0411）84710711

前　言

会计综合模拟课程是财务会计类专业的进阶课程，在人才培养中起到技术技能积累转化作用。《会计综合实训项目化工作手册》是会计综合模拟课程的实训教材，通过校企双元合作开发与编写。

本教材将新技术变化和新商业模式背景下的企业会计岗位核心素能的内容以项目制和任务分解方式进行组织，可以提高学生的职业技能，为后续顶岗实习奠定基础。

本教材的编写思路如下：

一、结合课程特点，有机融入课程思政内容

编者深入贯彻学习党的二十大精神，梳理专业课教学内容，结合课程特点、思维方法和价值理念，挖掘课程思政元素，以“学思践悟”小栏目的形式有机融入课程教学，达到润物无声的育人效果。

二、整合财税综合实训课程教学内容

编者以智能财税“1+X”证书制度和“三教”改革为切入点和战略支撑点，根据相关理论课程分别设计会计综合模拟课程典型工作任务，根据职业能力的培养逻辑递进式推进实训内容。

三、根据智能财税平台搭建仿真业务情境

编者首先创建案例企业背景信息，使学生感知企业生产工艺流程与经营背景；其次，通过智能财税“票天下”搭建业务场景，锻炼学生模拟业务开具发票的能力；最后，通过智能财税平台“财天下”和“税天下”实现业务、财务与税务的有机融合。

四、以课程建设为统领，加快会计综合实训项目化改革与创新

编者以课程建设为统领，借助实践教学平台、“1+X”智能财税平台，联合产教融合型企业共同合作开发本教材，实现了教学过程成果逐步转化、深化并拓展至教材改革与创新中。

智能财税是互联网、大数据、智能化、云计算、物联网等现代技术在财税行业应用的必然结果，是企业和经济领域价值管理和运行的基本业态与核心基础工程。

《会计综合实训项目化工作手册》以企业的真实情境或事件作为案例，将情景再现、实践操作与理论分析融为一体，注重学生能力培养，鼓励学生独立思考，重视师生双向交流，体现“案例导入+任务步骤示范+技能训练”的特色，旨在培养拥有“1+X”职业技能等级证书、商能并重、跨界协同的职业人才。

本教材由无锡商业职业技术学院付裕、杨丽华、张烨撰写了详细的编写提纲并担任主编，杨欢、张铮、唐敏、刘祎、曹立担任副主编。具体分工如下：项目一由付裕编写；项目二由杨丽华编写；项目三由张烨编写；项目四由杨欢编写；项目五由张铮、刘祎编写；

项目六由唐敏、曹立编写。最后，由付裕、杨丽华、张烨进行了修改和最终定稿。

在本教材的编写过程中，得到了无锡华洋滚动轴承有限公司曹立、中联科技股份有限公司魏飞等行业专家的支持、帮助和指导，在此一并表示感谢。

由于编者学识有限，书中不足之处在所难免，敬请读者批评指正。

编　者

2024年5月

目　录

项目一

认知企业及会计工作

任务一　了解企业概况

一、企业基本情况

企业名称：无锡闽潇服饰有限公司（简称“闽潇服饰公司”），主要从事服装加工及销售业务。

法定代表人：罗兴

统一社会信用代码：913501046307045023

公司地址：江苏省无锡市梁溪区首秀路3号

联系电话和传真：0510-90102394

邮箱：wxmxfs@163.com

基本存款账户：中国银行无锡梁溪支行 41864409937929

公积金账号：622017085522

账套编号：wxmx0001

会计准则：企业会计准则（2006）

建账会计期：2023年3月

闽潇服饰公司是一家制造型企业，主要从事男女衬衫、T恤的生产和销售业务，小型微利企业，属于有限责任公司，创建于2022年4月15日。目前企业有一座厂房，厂房内安装有不同类别的生产设备，设备运行状况良好，目前公司财务状况正常。2023年3月前，该公司一直采用手工记账形式，从2023年3月开始采用智能财税系统做账，由于企业处于智能财务转型过渡期，手工做账和智能财务系统做账同步进行。

企业营业执照如图1-1所示。

编号：308398080

营业执照

（副本）（4-1）

统一社会信用代码 913501046307045023

名　　称　无锡闽潇服饰有限公司

类　　型　有限责任公司（自然人投资或控股）

住　　所　江苏省无锡市梁溪区首秀路3号

法定代表人　罗兴

注册资本　500万元

成立日期　2022年04月15日

营业期限　2022年04月15日　至　2032年04月15日

经营范围　主要从事男女衬衫、T恤衫的生产和销售业务（依法须经批准的项目，经相关部门批准后依批准的内容开展经营活动）

在线扫码获取详细信息

登记机关

无锡市梁溪区市场监督管理局

2022　年　04　月　15　日

提示：每年1月1日至6月30日通过企业信用信息公示系统报送上一年度年度报告并公示。

企业信用信息公示系统网址：qyxy.baic.gov.cn　　中华人民共和国国家工商行政管理总局监制

图1-1　营业执照

二、企业部门设置及人员信息

闽潇服饰公司共有员工23人，设置办公室、财务部、采购部、销售门市部、生产车间5个部门，各职位及员工信息见表1–1。

表1–1　员工信息表

工号	姓名	部门	证照类型	证照号码	国籍	性别	出生日期	人员状态	从业类型	手机号码	任职受雇从业日期
20220001	黄小龙	办公室	居民身份证	341221198312081313	中国	男	1983-12-08	正常	雇员	15849274916	2022-04-15
20220002	罗兴	办公室	居民身份证	341221198511081315	中国	男	1985-11-08	正常	雇员	15385378926	2022-04-15
20220003	林文	办公室	居民身份证	341221198206071316	中国	男	1982-06-07	正常	雇员	18895516382	2022-04-15
20220004	陈立	财务部	居民身份证	341221198111081317	中国	男	1981-11-08	正常	雇员	18856538142	2022-06-09
20220005	卢婷裁	财务部	居民身份证	341221199010081328	中国	女	1990-10-08	正常	雇员	15563287446	2022-08-09
20220006	林华	财务部	居民身份证	341221197812081319	中国	男	1978-12-08	正常	雇员	15735582298	2022-08-09
20220007	许娟	财务部	居民身份证	341221199411261320	中国	女	1994-11-26	正常	雇员	15556248631	2022-08-09
20220008	陈勇	采购部	居民身份证	341221198812081311	中国	男	1988-12-08	正常	雇员	15367239492	2022-09-21
20220009	李蠡	采购部	居民身份证	341221198711151312	中国	男	1987-11-15	正常	雇员	18855249619	2022-05-09
20220010	李梁	销售门市部	居民身份证	341221197812071323	中国	女	1978-12-07	正常	雇员	18999274631	2022-05-03
20220011	薛东	销售门市部	居民身份证	341221198511011314	中国	男	1985-11-01	正常	雇员	17836279351	2022-05-19
20220012	程梦	生产车间	居民身份证	341221197811231325	中国	女	1978-11-23	正常	雇员	15673829581	2022-05-07
20220013	刘新	生产车间	居民身份证	341221198910161326	中国	女	1989-10-16	正常	雇员	15556278341	2022-05-09
20220014	刘红军	生产车间	居民身份证	341221199112011337	中国	男	1991-11-20	正常	雇员	15638153846	2022-06-09
20220015	薛飞	生产车间	居民身份证	341221198812081318	中国	男	1988-12-08	正常	雇员	18937691581	2022-05-11
20220016	陈宁	生产车间	居民身份证	341221198912081329	中国	女	1989-12-08	正常	雇员	14527839726	2022-06-17
20220017	王姝娟	生产车间	居民身份证	341221198311281339	中国	男	1983-11-28	正常	雇员	18976249528	2022-09-09
20220018	刘红琴	生产车间	居民身份证	341221198401081341	中国	女	1984-01-08	正常	雇员	19857183721	2022-09-09
20220019	徐丽丽	生产车间	居民身份证	341221198509011347	中国	女	1985-09-01	正常	雇员	17729386251	2022-09-15
20220020	许如	生产车间	居民身份证	341221198910081348	中国	女	1989-10-08	正常	雇员	15689927183	2022-08-09
20220021	周传	生产车间	居民身份证	341221198812081349	中国	女	1988-12-08	正常	雇员	18782693718	2022-09-09
20220022	郑炜	生产车间	居民身份证	341221198112081313	中国	男	1981-12-08	正常	雇员	15567289532	2022-11-09
20220023	张贤	生产车间	居民身份证	341221198311230949	中国	女	1983-11-23	正常	雇员	17856391732	2022-11-09

任务二　了解财务工作组织及分工

闽潇服饰公司单独设置财会部门，包括会计主管、总账会计、资金出纳、成本会计工作岗位。

各个岗位的具体分工如下：

一、会计主管：陈立

会计主管承担会计机构负责人的工作，同时还负责会计稽核岗、会计档案管理岗和报表岗部分工作。

具体工作任务（职责）为：

1. 负责财务部组织管理工作；
2. 负责组织初始建账工作（包括电算方式下建账、参数设置、基础档案和期初数据审核、设置转账凭证、确定报表格式与公式等）；
3. 负责各种原始凭证的审核，包括应收单和应付单、收款单和付款单、销售发票、采购发票和运费发票的审核；
4. 负责审核记账凭证；
5. 负责对账（含银行对账）、结账；
6. 负责组织编制资产负债表、利润表、现金流量表、所有者权益变动表等财务报表及纳税申报表；
7. 负责财务分析工作；
8. 负责保管一枚法定代表人章；
9. 负责会计档案管理。

二、总账会计：林华

总账会计承担会计核算岗位中的会计确认和计量工作，同时还负责投融资业务的经办和报表岗部分工作。

具体工作任务（职责）为：

1. 负责编制记账凭证，并将记账凭证录入计算机系统；
2. 负责投融资业务的经办和报表岗部分工作；
3. 负责月末转账凭证（机制凭证）的生成工作；
4. 协助会计主管编制资产负债表。

三、资金出纳：卢婷裁

资金出纳承担出纳岗位工作，同时还负责报表岗部分工作以及编制各种税收申报表和社会保险申报表。

具体工作任务（职责）为：

1. 负责保管库存现金、有价证券，负责空白票据及支票的管理，并保管一枚财务专用章；

2. 负责按规定办理货币资金收付手续，填写银行结算凭证对账；

3. 负责登记银行结算票据备查簿、有价证券备查簿以及借款备查簿；

4. 填制收款单和付款单；

5. 负责收款凭证和付款凭证的出纳签字；

6. 负责登记现金、银行存款日记账，进行账簿管理；

7. 办理经常性投融资业务手续；

8. 负责编制工资发放表及工资汇总表；

9. 协助会计主管做期初建账、编制现金流量表工作。

四、成本会计：许娟

成本会计承担会计核算岗位中登记各种明细账的工作，同时还负责成本计算、财产清查、往来账款管理等会计管理工作。

具体工作任务（职责）为：

1. 负责开具发票；

2. 负责财产物资的收发、增减计算（含入库单记账）；

3. 负责固定资产业务处理、职工薪酬及成本核算；

4. 负责往来账款管理工作；

5. 负责财务成果核算；

6. 负责登记手工明细账；

7. 负责电算方式下的记账工作；

8. 协助会计主管编制利润表和所有者权益变动表。

任务三　熟悉财务核算方法及制度

1. 公司以人民币为记账本位币（核算中金额计算保留至分位），记账文字为中文，会计核算采用科目汇总表账务处理程序。

2. 公司为增值税一般纳税人，销售商品增值税税率为13%；公司当期取得的增值税专用发票，按照现行增值税制度规定当期准予抵扣的，均已认证且于当期一次性抵扣，增值税按月申报。

3. 公司适用的城市维护建设税税率为7%，教育费附加征收率为3%，地方教育附加征收率为2%，按月申报，印花税按季度申报。

4. 公司享受小微企业的企业所得税优惠，并假设这一税率适用于未来可预见的期间，公司不享受其他税收优惠政策，企业所得税按季度预缴和申报。

5. 公司原材料、周转材料、库存商品采用实际成本计价法组织日常核算；发出原材料、周转材料、发出库存商品采用全月一次加权平均法计价。

6. 原材料发出业务，于月末根据“领料单”编制“发出材料汇总表”“生产车间领用材料分配表”，并据以进行原材料出库业务的总分类核算。

7. 公司固定资产折旧采用年限平均法；固定资产折旧方法与税法规定一致；固定资产预计净残值率为4%，房屋建筑物折旧年限为20年，年折旧率为4.8%；生产设备折旧年限为10年，年折旧率为9.6%；运输设备折旧年限为4年，年折旧率为24%；管理设备折旧年限为5年，年折旧率为19.2%，电子设备折旧年限为3年，年折旧率为32%。

8. 公司按有关规定计算缴纳社会保险费和住房公积金；基本社会保险及住房公积金以上一年度职工月平均工资为计提基数，计提比例如下：

（1）基本养老保险为24%，其中企业承担16%，个人承担8%；

（2）医疗保险为10%，其中企业承担8%，个人承担2%；

（3）失业保险为1%，其中企业承担0.5%，个人承担0.5%；

（4）工伤保险为1.8%，全部由企业承担；

（5）生育保险为0.7%，全部由企业承担；

（6）住房公积金为24%，其中企业承担12%，个人承担12%。

9. 公司由个人承担的社会保险费、住房公积金通过“其他应付款”账户进行核算；个人所得税由公司代扣代缴，通过“应交税费”账户进行核算。

10. 公司采用品种法计算产品成本，成本项目为直接材料、直接人工和制造费用。

11. 本月发生的直接材料如属于多种产品共同耗用，则以各产品材料定额耗用量为标准在各产品之间进行分配，本月发生的直接人工和制造费用按实际生产工时在各产品之间进行分配。

12. 生产费用在月末在产品和完工产品之间的分配采用约当产量法，原材料在第一道工序开始一次投入，直接人工和制造费用的完工程度分工序按定额生产工时计算，月末在产品在本工序的完工程度均为50%。

13. 公司专设独立销售机构。

14. 公司按季度采用应收账款余额百分比法计提应收账款坏账准备，计提比例为2%，其他应收款项不计提坏账准备。

15. 计算过程中，无特殊说明金额均保留小数点后2位，分配率均保留小数点后5位；涉及百分号的计算保留百分号前2位小数。

16. 成本费用在男衬衫、女衬衫或男T恤、女T恤之间分配时，尾差计入女衬衫或女T恤；在男衬衫、女衬衫、男T恤、女T恤之间分配时，尾差计入女T恤。

17. 未列明的其他会计事项，公司根据现行企业会计准则的相关规定处理。

项目二

期初建账

一、业务描述

闽潇服饰公司从2023年3月1日启用新的智能财税一体化软件，利用智能财税票天下、财天下、金税师平台完成，为保证会计信息的准确性，前三个月采用手工和计算机并行的处理方式，以便对新系统进行验证。2023年2月28日，会计主管已完成建账前期准备工作，3月1日，完成手工账和电子账登记期初余额工作。

二、业务流程

登记期初余额业务流程		
流程 职位	流程1	流程2
业务部门		
公司负责人		
会计主管	准备：1.总账2.报表3.申报表	建账
出纳	准备：1.现金日记账、银行存款日记账2.备查登记簿3.支票、收据4.印章	协助会计主管完成建账
总账会计	准备：1.记账凭证2.凭证装订用品	
成本会计	准备：1.各种明细账2.税务发票	

三、实训资料

（一）2023年年初余额、2023年1—2月份账户累计发生额及2023年2月末余额

单位：元

科目编码	科目名称	2023年年初借方余额	2023年年初贷方余额	2023年1—2月份贷方累计金额	2023年1—2月份借方累计金额	2023年2月末借方余额	2023年2月末贷方余额
1001	库存现金	9 343.63		3 899.00	5 470.00	7 772.63	
1002	银行存款	3 283 562.65		88 564.06	147 785.09	3 224 341.62	
100202	中国银行	3 283 562.65		88 564.06	147 785.09	3 224 341.62	
1012	其他货币资金	260 000.00		0	0	260 000.00	
101204	存出投资款	260 000.00		0	0	260 000.00	
1101	交易性金融资产	680 000.00		0	0	680 000.00	
110101	建新实业	680 000.00		0	0	680 000.00	
11010101	成本	620 000.00		0	0	620 000.00	

续表

科目编码	科目名称	2023年年初借方余额	2023年年初贷方余额	2023年1—2月份贷方累计金额	2023年1—2月份借方累计金额	2023年2月末借方余额	2023年2月末贷方余额
11010102	公允价值变动	60 000.00		0	0	60 000.00	
1121	应收票据	2 327 800.00		0	0	2 327 800.00	
112101	上海科泰环保责任有限公司	2 327 800.00		0	0	2 327 800.00	
1122	应收账款	8 600.00		553 800.00	546 300.00	16 100.00	
1123	预付账款	37 000.00		0	0	37 000.00	
112301	江苏电力股份有限公司	37 000.00		0	0	37 000.00	
1221	其他应收款	8 000.00		0	0	8 000.00	
122101	内部往来	8 000.00		0	0	8 000.00	
12210101	内部员工借款	8 000.00		0	0	8 000.00	
1231	坏账准备		322.00	0	0		322.00
123101	坏账准备——应收账款		322.00	0	0		322.00
1402	在途物资			2 726.00	2 726.00	0	
140201	包装物			2 726.00	2 726.00	0	
1403	原材料	105 000.00		391 294.51	412 701.34	83 593.17	
140301	棉布	45 000.00		196 758.34	206 089.34	35 669.00	
140302	聚酯纤维	60 000.00		194 536.17	206 612.00	47 924.17	
1405	库存商品	896 987.65		435 486.73	522 600.00	809 874.38	
140501	女衬衫	275 987.81		92 989.00	101 879.00	267 097.81	
140502	男衬衫	248 389.50		87 612.73	101 046.00	234 956.23	
140503	男T恤	165 616.74		126 898.00	120 005.00	172 509.74	
140504	女T恤	206 993.60		127 987.00	199 670.00	135 310.60	
1411	周转材料	44 000.00		6 467.00	4 245.00	46 222.00	
141101	包装物	36 000.00		5 678.00	3 456.00	38 222.00	
141102	低值易耗品	8 000.00		789.00	789.00	8 000.00	
1601	固定资产	8 880 025.00		0	0	8 880 025.00	
160101	房屋建筑物	7 000 000.00		0	0	7 000 000.00	
160102	机器设备	1 500 000.00		0	0	1 500 000.00	

续表

科目编码	科目名称	2023年年初借方余额	2023年年初贷方余额	2023年1—2月份贷方累计金额	2023年1—2月份借方累计金额	2023年2月末借方余额	2023年2月末贷方余额
16010201	缝纫机	500 000.00		0	0	500 000.00	
16010202	锁边机	1 000 000.00		0	0	1 000 000.00	
160103	办公家具	60 000.00		0	0	60 000.00	
160104	运输工具	300 000.00		0	0	300 000.00	
160105	电子设备	20 025.00		0	0	20 025.00	
1602	累计折旧		427 446.00	94 988.00			332 458.00
160201	房屋建筑物		252 000.00	56 000.00			196 000.00
160202	机器设备		108 000.00	24 000.00			84 000.00
16020201	缝纫机		108 000.00	24 000.00			84 000.00
160203	办公家具		8 640.00	1 920.00			6 720.00
160204	运输工具		54 000.00	12 000.00			42 000.00
160205	电子设备		4 806.00	1 068.00			3 738.00
2001	短期借款		1 100 000.00	0	0		1 100 000.00
2211	应付职工薪酬		119 200.75	284 672.00	284 672.00		119 200.75
221101	职工工资		79 264.75	204 800.00	204 800.00		79 264.75
221103	各类基本社会保障性缴款		27 648.00	55 296.00	55 296.00		27 648.00
22110301	基本养老保险费		16 384.00	32 768.00	32 768.00		16 384.00
22110303	基本医疗保险费		8 192.00	16 384.00	16 384.00		8 192.00
22110305	失业保险费		512.00	1 024.00	1 024.00		512.00
22110306	生育保险费		716.80	1 433.60	1 433.60		716.80
22110307	工伤保险费		1 843.20	3 686.40	3 686.40		1 843.20
221104	住房公积金		12 288.00	24 576.00	24 576.00		12 288.00
2221	应交税费		30 291.11	147 276.76	157 912.40		40 926.75
222101	应交增值税			75 852.14	75 852.14		0
22210101	进项税额				12 250.25	0	
22210106	转出未交增值税				63 601.89		
22210107	销项税额			75 852.14			
222102	未交增值税		26 960.59	63 601.89	73 098.00		36 456.70

续表

科目编码	科目名称	2023年年初借方余额	2023年年初贷方余额	2023年1—2月份贷方累计金额	2023年1—2月份借方累计金额	2023年2月末借方余额	2023年2月末贷方余额
222126	应交城市维护建设税		1 887.24	4 452.13	5 116.86		2 551.97
222127	应交教育费附加		808.82	1 908.06	2 192.94		1 093.70
222131	应交个人所得税		95.25	190.50	190.50		95.25
222133	应交地方教育附加		539.21	1 272.04	1 461.96		729.13
2231	应付利息		8 250.00	8 250.00			0
223101	中国银行		8 250.00	8 250.00			0
2241	其他应付款		23 040.00	46 080.00	46 080.00		23 040.00
224101	代扣代缴个人社保		10 752.00	21 504.00	21 504.00		10 752.00
224102	代扣代缴个人公积金		12 288.00	24 576.00	24 576.00		12 288.00
4001	实收资本		1 000 000				1 000 000.00
4101	盈余公积		700 000.00				700 000.00
410101	法定盈余公积		700 000.00				700 000.00
4103	本年利润		111 402.27	583 478.00	472 075.73		222 804.54
4104	利润分配		4 369 154.19				4 369 154.19
410411	未分配利润		4 369 154.19				4 369 154.19
5001	生产成本	348 787.39		522 600.01	567 014.51	304 372.89	
500104	男衬衫	56 098.77		101 046.01	102 023.21	55 121.57	
50010401	直接材料	33 735.11		55 462.40	55 998.77	33 198.74	
50010402	直接人工	21 426.90		21 536.95	21 745.23	21 218.62	
50010403	制造费用	936.76		24 046.66	24 279.21	704.21	
500105	女衬衫	85 102.59		101 879.00	114 589.23	72 392.36	
50010501	直接材料	53 586.64		79 083.36	88 949.65	43 720.35	
50010502	直接人工	29 504.15		12 073.81	13 580.12	27 997.84	
50010503	制造费用	2 011.80		10 721.83	12 059.46	674.17	
500106	男T恤	141 086.03		120 005.00	150 256.38	110 834.65	
50010601	直接材料	92 805.31		84 760.29	106 127.03	71 438.57	
50010602	直接人工	42 797.32		17 649.15	22 098.23	38 348.24	
50010603	制造费用	5 483.40		17 595.56	22 031.12	1 047.84	

续表

科目编码	科目名称	2023年年初借方余额	2023年年初贷方余额	2023年1—2月份贷方累计金额	2023年1—2月份借方累计金额	2023年2月末借方余额	2023年2月末贷方余额
500107	女T恤	66 500.00		199 670.00	200 145.69	66 024.31	
50010701	直接材料	42 800.00		139 885.80	140 219.06	42 466.74	
50010702	直接人工	21 000.00		30 074.77	30 146.42	20 928.35	
50010703	制造费用	2 700.00		29 709.43	29 780.21	2 629.22	
5101	制造费用			88 150.00	88 150.00		
510104	水电费			12 010.00	12 010.00		
510117	折旧费			40 000.00	40 000.00		
510128	职工薪酬			36 140.00	36 140.00		
6001	主营业务收入			558 900.00	558 900.00		
600101	销售商品收入			558 900.00	558 900.00		
60010101	销售商品收入-男衬衫			176 900.00	176 900.00		
60010102	销售商品收入-女衬衫			192 850.00	192 850.00		
60010103	销售商品收入-男T恤			95 550.00	95 550.00		
60010104	销售商品收入-女T恤			93 600.00	93 600.00		
6051	其他业务收入			24 578.00	24 578.00		
605101	销售材料收入			24 578.00	24 578.00		
6401	主营业务成本			222 130.00	222 130.00		
640101	销售商品成本			222 130.00	222 130.00		
64010101	销售商品成本-男衬衫			50 032.34	50 032.34		
64010102	销售商品成本-女衬衫			61 069.25	61 069.25		
64010103	销售商品成本-男T恤			42 777.01	42 777.01		
64010104	销售商品成本-女T恤			68 251.40	68 251.40		
6402	其他业务成本			13 574.00	13 574.00		
640201	销售材料成本			13 574.00	13 574.00		
6403	税金及附加			8 771.73	8 771.73		
640303	城市维护建设税			5 116.83	5 116.83		
640304	教育费附加			2 192.94	2 192.94		
640307	地方教育附加			1 461.96	1 461.96		
6601	销售费用			30 324.00	30 324.00		

续表

科目编码	科目名称	2023年年初借方余额	2023年年初贷方余额	2023年1—2月份贷方累计金额	2023年1—2月份借方累计金额	2023年2月末借方余额	2023年2月末贷方余额
660101	职工薪酬			30 024.00	30 024.00		
66010101	工资薪金			30 024.00	30 024.00		
660109	办公费			100.00	100.00		
660131	水电费			200.00	200.00		
6602	管理费用			189 026.00	189 026.00		
660201	职工薪酬			130 938.00	130 938.00		
66020101	工资薪金			130 938.00	130 938.00		
660208	办公费			600.00	600.00		
660212	差旅费			500.00	500.00		
660231	水电费			2 000.00	2 000.00		
660232	折旧费			54 988.00	54 988.00		
6603	财务费用			8 250.00	8 250.00		
660302	利息支出			8 250.00	8 250.00		

（二）存货期初

金额单位：元

存货编号	名称	计量单位	数量	单价	金额
001	男衬衫	件	3 225	77.02	248 389.50
002	女衬衫	件	4 181	66.01	275 987.81
003	男T恤	件	1 926	85.99	165 616.74
004	女T恤	件	2 090	99.04	206 993.60
005	棉布	米	1 500	30.00	45 000.00
006	聚酯纤维	米	1 500	40.00	60 000.00
007	包装箱	打	600	60.00	36 000.00
008	剪刀	把	100	80.00	8 000.00

（三）固定资产清单

金额单位：元

编号	名称	单位	数量	类别	所在部门	增加方式	开始使用日期	年限	已用月份	原值	残值率	年折旧率	本月计提折旧
001	1号办公楼	平方米	1	房屋建筑物	办公室	在建工程转入	2022年5月31日	20	9	2 500 000	4%	4.8%	10 000
002	2号办公楼	平方米	1		办公室		2022年5月31日	20	9	2 500 000	4%	4.8%	10 000
003	车间	平方米	1		生产车间		2022年5月31日	20	9	2 000 000	4%	4.8%	8 000
004	生产设备-缝纫机	台	10	机器设备	生产车间	直接购入	2022年5月31日	10	9	500 000	4%	9.6%	4 000
005	生产设备-锁边机	台	25		生产车间		2022年5月31日	10	9	1 000 000	4%	9.6%	8 000
006	办公桌	张	50	办公家具	办公室	直接购入	2022年5月31日	5	9	60 000	4%	19.2%	960
007	货车	辆	1	运输工具	办公室	直接购入	2022年5月31日	4	9	300 000	4%	24%	6 000
008	电脑	台	10	电子设备	办公室	直接购入	2022年5月31日	3	9	20 025	4%	32%	534

四、财税平台操作流程

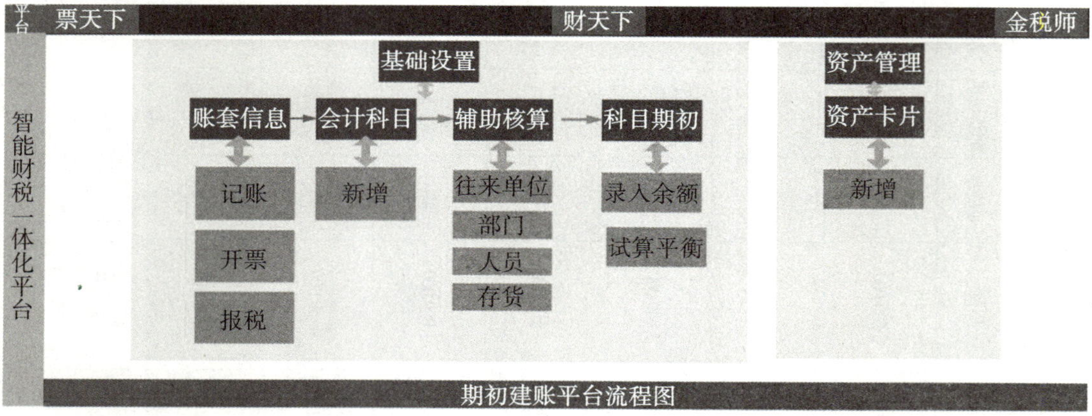
平台
票天下
财天下
金税师
智能财税一体化平台
基础设置
账套信息
会计科目
辅助核算
科目期初
记账
开票
报税
新增
往来单位
部门
人员
存货
录入余额
试算平衡
资产管理
资产卡片
新增
期初建账平台流程图

项目三

日常核算

任务一 融资业务

技能点 1 银行借款业务

一、业务描述

闽潇服饰公司与银行签订借款合同，向基本存款账户所在银行——中国银行无锡梁溪支行贷款50万元，5年期，月利率0.416%，借款利息按月支付，借款用于购买生产线，当日款项已经存入公司银行账户。

二、业务流程

银行借款业务流程									
流程 职位	流程1	流程2	流程3	流程4	流程5	流程6	流程7	流程8	流程9
业务部门									
公司负责人		批准			批准				
会计主管	填制借款申请书			审核				审核	
出纳						办理借款			登记银行存款明细账
总账会计			起草借款合同				编制记账凭证		
成本会计									登记长期借款明细账

三、实训资料

（一）借款合同

借款合同

合同编号：23072156

经中国银行无锡梁溪支行（以下简称贷款方）与无锡闽潇服饰有限公司（以下简称借款方）充分协商，签订本合同，双方共同遵守。

第一条，由贷款方提供贷款人民币大写伍拾万元整（¥500 000.00）给借方，贷款期限自2023年03月01日至2028年02月29日。

第二条，贷款方应按期、按额向借款方提供贷款，否则，按违约数额和延期天数，付给借款方违约金。违约金数额的计算，与逾期贷款罚息相同，为0.21%。

第三条，贷款月利率为银行同期年利率5%（月利率0.416%），每月15日结息，如遇调整，按调整的新利率和计息办法执行。

第四条，借款方应按协议使用贷款，不得转移用途。否则，贷款方有权停止发放新贷款，直至收回已发放的贷款。

第五条，借款方保证按借款合同所订期限归还贷款本息。如需延期，借款方最迟在贷款到期前15天提出延期申请，经贷款方同意，办理延期手续。但延期最长不得超过原订期限的一半。贷款方未同意延期或未办理延期手续的逾期贷款，加收罚息。

第六条，贷款到期后1个月，如借款方不归还贷款，贷款方有权依照法律程序处理借款方作为贷款抵押的物资和财产，抵还借款本息。

第七条，本协议书一式2份，借贷款双方各执正本1份。自双方签字起即生效。

……

第十一条，合同争议的解决方式：

本合同在履行过程中发生的争议，由借贷双方协商解决；协商不成的，依法向人民法院提起诉讼。

贷款方：中国银行无锡梁溪支行　　　借款方：无锡闽潇服饰有限公司

法定代表人：张国兴　　　法定代表人：罗兴

签订日期：2023年03月01日　　　签订日期：2023年03月01日

（二）借款借据

中国银行　借款借据　第一联　借据回单

银行编号：10400010　　借款日期：2023 年 03 月 01 日　　NO. 6197

借款单位名称	无锡闽潇服饰有限公司	放款账号	7692327553405666					利率		5%		
		存款账号	41864409937929									
借款金额（大写）	伍拾万元整	千	百	十	万	千	百	十	元	角	分	
			¥	5	0	0	0	0	0	0	0	
约定还款日期	2028 年 02 月 29 日	借款种类		长期借款		借款合同号		23072156				
实际放款日期	2023 年 03 月 01 日											

借款直接用途			还款记录	年	月	日	还款金额	余额
	1. 购买生产线	4.						
	2.	5.						
	3.	6.						

根据签订的借款合同和你单位申请借款用途，经审查同意发放上列金额贷款。

中国银行　　批准人：

（银行转账盖章）　中国银行无锡梁溪支行　2023.03.01　转讫

2023 年 03 月 01 日

此联退交借款单位

开户银行：中国银行无锡梁溪支行

（三）会计分录（业务 1）

摘要	会计分录			
	总账科目	明细科目	借方金额	贷方金额

四、财税平台操作流程

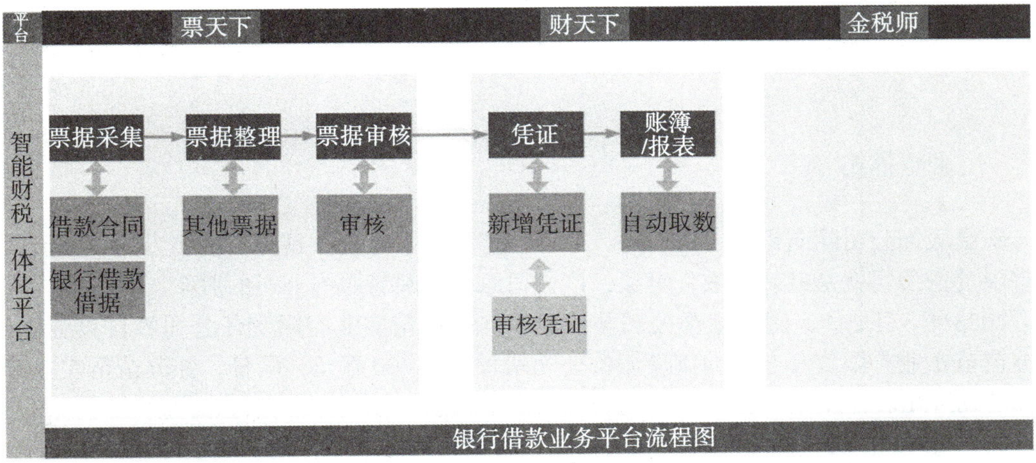

银行借款业务平台流程图

五、实训注意事项

1. 短期借款一般只用于企业经营周转，不能用于固定资产建设或长期投资，短借长投容易导致现金流危机；若用于企业固定资产的购建、改扩建工程、大修理工程、对外投资或保持长期经营能力等方面的需要，企业一般会借入长期借款。

2. 每笔借款的付息时间都不同，要根据合同备注好，且作为财务日常工作记录，以免影响企业信用。

3. 本业务中该笔借款及固定资产投资均属于企业重大经营决策，必须经董事会批准。

【学思践悟】近日，一家知名制造业企业成功从某商业银行获得一笔大额贷款，用于技术升级和扩大生产规模。这一事件不仅展示了企业会计在融资活动中的关键作用，也体现了党的二十大精神在企业经营中的具体实践。

该企业会计团队在借款前，深入分析了公司的财务状况和发展需求，制订了详细的借款计划。

同时，他们积极与银行沟通，展示公司的良好信誉和发展前景，最终成功获得了贷款。

这笔贷款的获得，不仅解决了企业的资金瓶颈，也推动了企业的技术创新和产业升级。企业将这笔资金用于引进先进设备、提升生产效率，实现了可持续发展。

这一案例体现了企业会计在推动企业发展中的重要作用，也展示了企业深入学习党的二十大精神，通过融资活动支持实体经济、推动科技创新的生动实践。

这一案例为我们学习企业会计和银行借款业务提供了宝贵的思政教育资源。

技能点2 股权融资业务

一、业务描述

闽潇服饰公司除向银行融资以外，还计划扩大资本总量。具有资金实力的江苏苗苗实业有限责任公司就是最好的融资对象，该公司原就是闽潇服饰公司的股东。

2023年3月2日，闽潇服饰公司与原股东江苏苗苗实业有限责任公司签订投资协议，江苏苗苗实业有限责任公司向闽潇服饰公司增加投资400万元，同日，江苏苗苗实业有限责任公司开出转账支票一张，闽潇服饰公司出纳将这笔款项存入银行账户。

2023年3月3日，闽潇服饰公司去市场监督管理局办理了注册资金变更手续。

二、业务流程

股权融资业务流程								
流程 职位	流程 1	流程 2	流程 3	流程 4	流程 5	流程 6	流程 7	流程 8
相关公司	签订协议							
公司负责人	签订协议							
会计主管					审核收据、收款通知联		审核	
出纳		收到支票开具收据	背书填制进账单	办理转账手续带回收款通知联				登记银行存款明细账
总账会计						编制记账凭证		
成本会计								登记实收资本明细账

三、实训资料

（一）收据

收　款　收　据

2023年03月02日　　　　No.000001

今日收到　江苏苗苗实业有限责任公司

交　　来　投资款

人民币（大写）肆佰万零仟零佰零拾零元零角零分　　¥4 000 000.00

第一联　存根

主管：陈立　　会计：林华　　记账：林华　　出纳：卢婷裁　　经办人：

（二）进账单（江苏苗苗实业有限责任公司）

中国银行　进账单（收账通知）3

2023年03月02日　　　　No.71334070

出票人	全称	江苏苗苗实业有限责任公司	收款人	全称	无锡闽潇服饰有限公司
	账号	41864408945343		账号	41864409937929
	开户银行	中国银行无锡锡山支行		开户银行	中国银行无锡梁溪支行
金额	人民币（大写）	肆佰万元整		亿 千 百 十 万 千 百 十 元 角 分	¥ 4 0 0 0 0 0 0 0 0
票据种类	转账支票	票据张数	1		
票据号码	10400020				
复核　记账				中国银行无锡梁溪支行 2023.03.02 转讫	收款人开户银行签章

此联是收款人开户银行交给收款人的收账通知

（三）会计分录（业务2）

摘要	会计分录			
	总账科目	明细科目	借方金额	贷方金额

四、财税平台操作流程

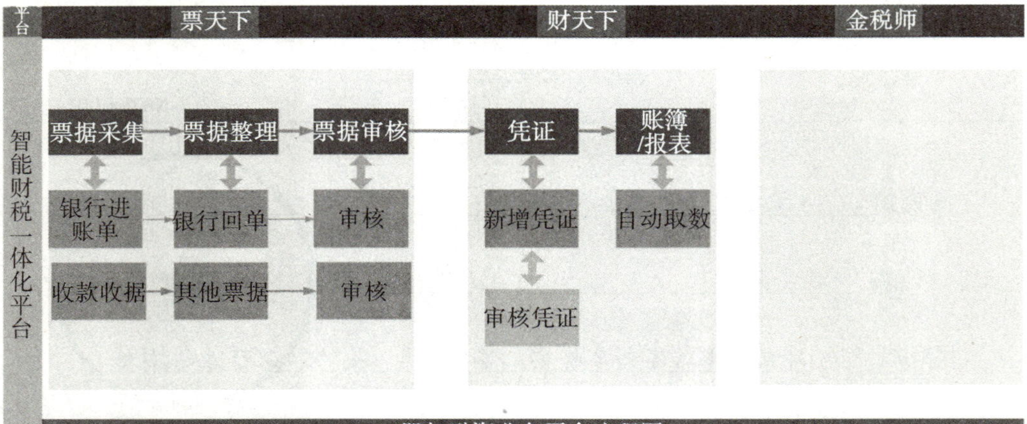

股权融资业务平台流程图

五、实训注意事项

1. 实收资本的确认需要以注册资本作为上限，也就是说，账面确认的实收资本不能超过注册资本，如果有超出的部分，需要通过“资本公积”科目进行核算。

2. 企业的注册资本应当与实收资本一致，在投资各方按合同或章程规定缴足其认缴的出资额后，向原登记主管机关申请变更登记。

技能点3　租入固定资产

一、业务描述

2023年3月3日，闽潇服饰公司与北京欧华电子设备有限公司签订租赁合同，租入MES生产线，合同规定，闽潇服饰公司于每月月末向北京欧华电子设备有限公司支付租金30 000元，租期3年，并以银行存款一次性支付资产评估费1 590元（利率为1%，期数为36期的普通年金现值系数为30.1075）。

二、业务流程

租入固定资产业务流程

职位＼流程	流程1	流程2	流程3	流程4	流程5	流程6	流程7	流程8	流程9	流程10
业务部门	提出租入申请				与出租方签订租赁合同		租入资产验收			
公司负责人		审批								
会计主管				审核					审核	
总账会计			确定结算方式					编制记账凭证		
出纳						办理支付手续				登记日记账
成本会计										登记相关明细账

三、实训资料

（一）租赁合同

租赁合同

（甲方）出租人：北京欧华电子设备有限公司

（乙方）承租人：无锡闽潇服饰有限公司

乙方于2023年3月3日与甲方签订一份为期3年的设备租赁合同。相关约定条款如下：

一、租赁标的物：MES生产线。

二、起租日：2023年3月3日。

三、到期日：2026年3月2日。

四、租金支付方式：租赁期内，乙方每月月末转账支付给甲方不含税的租金3万元。

五、乙方无法确定租赁的内含利率，因此采用增量借款利率，其增量借款利率为每月1%。

……

十一、合同争议的解决方式

本合同在履行过程中发生的争议，由甲乙双方协商解决；协商不成的依法向人民法院提起诉讼。

十二、本合同一式二份，甲乙双方各执一份。

甲方代表人：张东　　　　乙方代表人：罗兴

2023年03月03日　　　　2023年03月03日

（二）付款申请单

付款申请单

申请日期：2023年03月03日

申请部门	办公室	申请人	林文
申请事由	租入MES生产线		
收款单位	北京鑫华资产评估公司	收款人	
申请付款金额	￥1 590.00		
付款方式	□现　☑转　□其他	大写：壹仟伍佰玖拾元整	
备注			

主管领导：罗兴　　财务负责人：陈立　　部门负责人：林文

（三）增值税专用发票

1100151140　　**北京增值税专用发票**　　№97856116

发票联

开票日期：2023年03月03日

购买方	名　　称：无锡闽潇服饰有限公司 纳税人识别号：913501046307045023 地 址、电 话：江苏省无锡市梁溪区首秀路3号0510-90102394 开户行及账号：中国银行无锡梁溪支行41864409937929				密码区	172312- 4- 275 < 1+46*54* 82*59* 181321> < 8182*59*09618153 < / < 4< 3*2702- 9> 9*+153</0 ; > 2-3 *08/4> *> > 2- -3*0/9/>> 25- -275 < 1	
货物或应税劳务、服务名称	规格型号	单位	数量	单价	金额	税率	税额
*鉴证咨询服务*评估费		次	1	1 500.00	1 500.00	6%	90.00
合　计					¥1 500.00		¥90.00
价税合计（大写）	⊗壹仟伍佰玖拾元整					（小写）¥1 590.00	
销售方	名　　称：北京鑫华资产评估公司 纳税人识别号：911101025862748175 地 址、电 话：北京市西城区西环广场306室010-57222781 开户行及账号：交通银行北京西城支行				备注	校验码 52118 02817 08248 65199	

收款人：尚　云　　复核：钱　江　　开票人：张　玲　　销售方（章）

第三联 发票联 购买方记账凭证

（四）银行回单

中国银行

业务回单（付款）

日期：2023年03月03日　　回单编号：60196634281

付款人户名：无锡闽潇服饰有限公司　　付款人开户行：中国银行无锡梁溪支行

付款人账号（卡号）：41864409937929

收款人户名：北京鑫华资产评估公司　　收款人开户行：交通银行北京西城支行

收款人账号（卡号）：110002028142488933317

金额：壹仟伍佰玖拾元整　　小写：¥1 590.00元

业务（产品）种类：　　凭证种类：6513075001　　凭证号码：12943766841091467

摘要：　　用途：　　币种：人民币

交易机构：7084586277　记账柜员：75923　交易代码：60077　渠道：110002028142488922217

本回单为第1次打印，注意重复　打印日期：2023年03月03日　打印柜员：2　验证码：767712608632

（五）会计分录（业务3）

摘要	会计分录			
	总账科目	明细科目	借方金额	贷方金额

四、财税平台操作流程

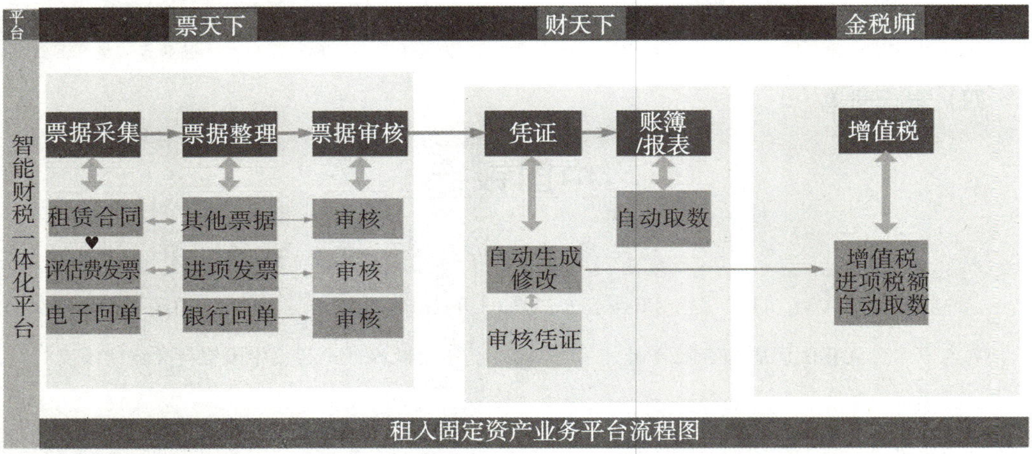

五、实训注意事项

1.根据新修订的《企业会计准则第21号——租赁》，不再区分融资租赁与经营租赁，要求承租人对所有租赁合同确认使用权资产和相应的租赁负债，并分别确认折旧和利息费用。租赁可以看做以分期付款的方式支付买价取得标的物资产的使用权。

2.签订租赁合同时，在租入资产确认使用权资产的同时确认租赁负债，不管是经营租赁还是融资租赁均要在资产负债表中列示，它等于租赁期开始日尚未支付的租赁付款额的现值。

3.使用权资产的初始计量。

使用权资产应当按照成本进行初始计量。

该成本包括：

（1）租赁负债的初始计量金额；

（2）在租赁期开始日或之前支付的租赁付款额；

（3）承租人发生的初始直接费用；

（4）承租人为拆卸及移除、复原资产等预计将发生的费用。

4. 签订租赁合同会计环节简化的会计分录为：

借：使用权资产

　　租赁负债——未确认融资费用

　贷：租赁负债——租赁付款额

5. 本案例3月11日就是租入资产的当天，用银行存款支付了进项税额和资产评估费，故会计分录为：

借：使用权资产——MES生产线

　　应交税费——应交增值税（进项税额）

　　租赁负债——未确认融资费用

　贷：租赁负债——租赁付款额

　　　银行存款

6. 借方租赁资产的入账价值=每月租金×（P/A，i，n）+顾问费

=

7. 贷方“租赁负债——租赁付款额”

=

8. 贷方“银行存款”

=

9. 借方“租赁负债——未确认融资费用”

=

任务二　缴纳税费和发放工资业务

技能点1　缴纳上月各项税费

一、业务描述

2023年3月4日，闽潇服饰公司在网上完成2月份增值税、城市维护建设税、教育费附加、地方教育附加及个人所得税纳税申报，通过三方协议完成扣款并取得电子缴税付款凭证。

二、业务流程

缴纳上月各项税费业务流程							
流程 职位	流程1	流程2	流程3	流程4	流程5	流程6	流程7
业务部门							
公司负责人							
会计主管				审核		审核	
出纳			打印电子纳税付款凭证				登记银行存款明细账
总账会计					编制记账凭证		
成本会计	电子税务局网上申报各项税费	打印完税凭证					登记应交税费明细账

三、实训资料

（一）电子缴税付款凭证

中国银行

电子缴税付款凭证

缴税日期：2023年03月04日　　　　凭证字号：20230010

纳税人全称及纳税人识别号：无锡闽潇服饰有限公司　　913501046307045023

付款人全称：无锡闽潇服饰有限公司

付款人账号：41864409937929　　征收机关名称：国家税务总局无锡市税务局

付款人开户行：中国银行无锡梁溪支行　　收款国库（银行）名称：国家金库无锡市支库

小写（合计）金额：¥26 960.59　　缴款书交易流水号：55041339

大写（合计）金额：贰万陆仟玖佰陆拾元伍角玖分　　税票号码：400854557039622829

税（费）种名称	所属日期	实缴金额（单位：元）
增值税	2023.02.01—2023.02.28	¥26 960.59

中国银行无锡梁溪支行
电子回单
专用章

打印时间：2023年03月04日

客户回单联　　验证码：774596　　复核：　　记账：

中国银行

电子缴税付款凭证

缴税日期：2023年03月04日　　　　凭证字号：20230011

纳税人全称及纳税人识别号：无锡闽潇服饰有限公司　913501046307045023

付款人全称：无锡闽潇服饰有限公司

付款人账号：41864409937929　　　　征收机关名称：国家税务总局无锡市税务局

付款人开户行：中国银行无锡梁溪支行　　　　收款国库（银行）名称：国家金库无锡市支库

小写（合计）金额：¥3 235.27　　　　缴款书交易流水号：41523245

大写（合计）金额：叁仟贰佰叁拾伍元贰角柒分　　　　税票号码：366682614095097572

税（费）种名称	所属日期	实缴金额（单位：元）
城市维护建设税	2023.02.01—2023.02.28	¥1 887.24
教育费附加	2023.02.01—2023.02.28	¥808.82
地方教育附加	2023.02.01—2023.02.28	¥539.21

中国银行无锡梁溪支行 电子回单专用章

打印时间：2023年03月04日

客户回单联　验证码：268905　复核：　记账：

中国银行

电子缴税付款凭证

缴税日期：2023年03月04日　　　　凭证字号：20230012

纳税人全称及纳税人识别号：无锡闽潇服饰有限公司　913501046307045023

付款人全称：无锡闽潇服饰有限公司

付款人账号：41864409937929　　　　征收机关名称：国家税务总局无锡市税务局

付款人开户行：中国银行无锡梁溪支行　　　　收款国库（银行）名称：国家金库无锡市支库

小写（合计）金额：¥95.25　　　　缴款书交易流水号：09245942

大写（合计）金额：玖拾伍元贰角伍分　　　　税票号码：571470580001409818

税（费）种名称	所属日期	实缴金额（单位：元）
个人所得税	2023.02.01—2023.02.28	¥95.25

中国银行无锡梁溪支行 电子回单专用章

打印时间：2023年03月04日

客户回单联　验证码：774596　复核：　记账：

（二）会计分录（业务4）

摘要	会计分录			
	总账科目	明细科目	借方金额	贷方金额

摘要	会计分录			
	总账科目	明细科目	借方金额	贷方金额

摘要	会计分录			
	总账科目	明细科目	借方金额	贷方金额

四、财税平台操作流程

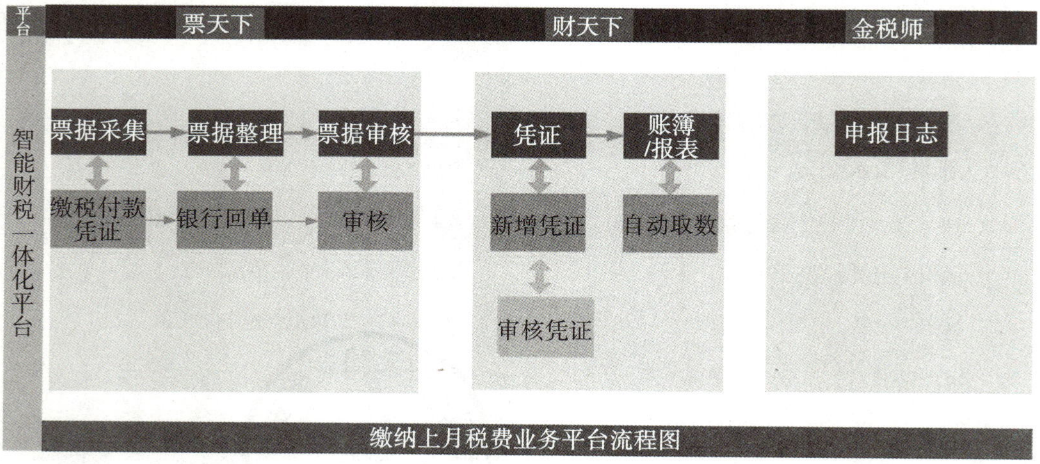

五、实训注意事项

纳税人只需与税务部门、银行签订“委托银行（金融机构）代缴税款三方协议书”，开立银行账户作为缴税账户，就可以通过网络办理税款划缴税费等业务。开户银行划缴税款成功后，开具“电子缴税付款凭证”一式两联，第二联交纳税人作付款回单，纳税人以此作为缴纳税款的会计核算凭证。

【学思践悟】某高科技企业在党的二十大精神的指引下，不仅致力于科技创新，更在财务管理和税务缴纳方面展现了高度的责任感和诚信精神。

该企业会计团队在日常工作中，严格遵循国家税收法律法规，确保每一笔税款的准确核算和及时缴纳。他们深知，依法纳税是企业应尽的社会责任，也是企业良好形象和信誉的重要保障。

在2022年的税费缴纳过程中，企业会计团队积极响应国家减税降费的号召，充分利用税收优惠政策，为企业节省了可观的税收成本。这不仅增强了企业的发展动力，也体现了企业积极响应国家政策、推动经济社会发展的实际行动。

这一案例充分展示了企业会计在缴纳税费业务中的专业素养和诚信守法精神，也体现了企业积极贯彻落实党的二十大精神、推动高质量发展的坚定决心。这一案例为我们学习企业会计和缴纳税费业务提供了生动的思政教育资源。

技能点2 缴纳上月社会保险费

一、业务描述

2023年3月4日，闽潇服饰公司通过三方协议已经缴纳上月社会保险费，并从税务局网站打印完税证明。

二、业务流程

缴纳上月社会保险费业务流程

职位＼流程	流程1	流程2	流程3	流程4	流程5	流程6
业务部门						
公司负责人						
会计主管			审核		审核	
出纳		打印银行付款凭证				登记银行存款明细账
总账会计				编制记账凭证		
成本会计	电子税务局社保缴费	打印完税凭证				登记应付职工薪酬明细账

三、实训资料

（一）电子缴税付款凭证

中国银行

电子缴税付款凭证

缴税日期：2023 年 03 月 04 日　　　　凭证字号：20230011

纳税人全称及纳税人识别号：无锡闽潇服饰有限公司　913501046307045023

付款人全称：无锡闽潇服饰有限公司

付款人账号：41864409937929　　　　征收机关名称：国家税务总局无锡市梁溪区税务局

付款人开户行：中国银行无锡梁溪支行　　　　收款国库（银行）名称：国家金库无锡市支库

小写（合计）金额：¥38 400.00　　　　缴款书交易流水号：55041339

大写（合计）金额：叁万捌仟肆佰元整　　　　税票号码：400854557039622829

税（费）种名称	所属日期	实缴金额（单位：元）
社会保险费（养老）	2023.02.01—2023.02.28	¥24 576.00
社会保险费（医疗）	2023.02.01—2023.02.28	¥10 240.00
社会保险费（失业）	2023.02.01—2023.02.28	¥1 024.00
社会保险费（工伤）	2023.02.01—2023.02.28	¥1 843.20
社会保险费（生育）	2023.02.01—2023.02.28	¥716.80

中国银行无锡梁溪支行 电子回单专用章

第 1 次打印　　　　打印时间：2023 年 03 月 04 日

客户回单联　　验证码：774596　　复核：　　记账：

（二）社会保险费计算表

社会保险费计算表

2023年02月28日　　　　单位：元

部门		缴费基数	短期薪酬				离职后福利				合计
			医疗保险		工伤保险	生育保险	养老保险		失业保险		
			企业承担部分（8%）	个人承担部分（2%）	全部企业承担（1.8%）	全部企业承担（0.7%）	企业承担部分（16%）	个人承担部分（8%）	企业承担部分（0.5%）	个人承担部分（0.5%）	
生产车间	生产工人	31 500									
	管理人员	13 000									
管理部门		47 100									
销售部门		10 800									
合计		102 400									38 400

制单：林华　　　　审核：陈立

（三）会计分录（业务5）

摘要	会计分录			
	总账科目	明细科目	借方金额	贷方金额

四、财税平台操作流程

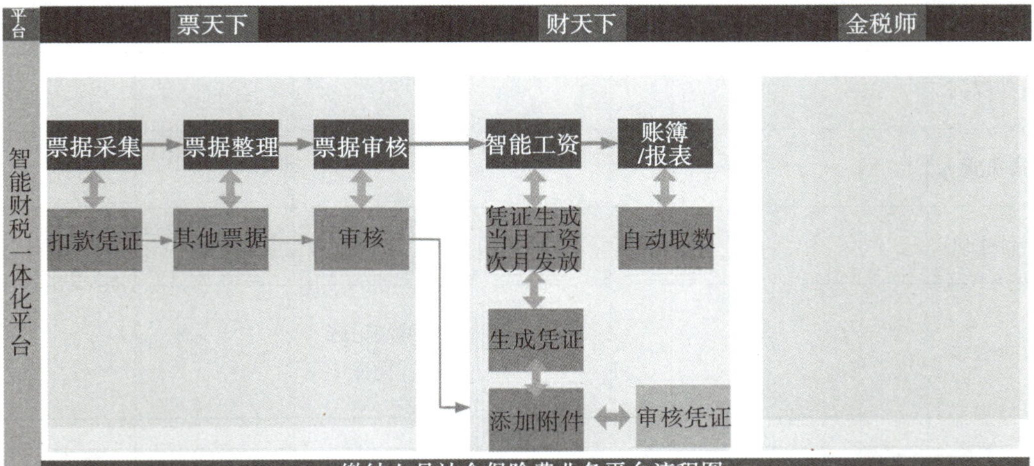

缴纳上月社会保险费业务平台流程图

五、实训注意事项

1. 企业支付的社会保险费包括单位负担的社会保险费和个人负担的社会保险费两部分，因此，在填制记账凭证时应注意：支付的个人负担的社会保险费冲减“其他应付款——代扣代缴个人社保”，支付的单位负担的社会保险费冲减“应付职工薪酬——各类基本保障性缴款”账户余额。

2. 企业所缴的社会保险费一般包含“五险”，即医疗保险费、工伤保险费、生育保险费、养老保险费和失业保险费。其中医疗保险费、工伤保险费和生育保险费属于短期薪酬的范畴，而养老保险费和失业保险费属于退休、离职后福利。

3. 因本月建账，智能工资平台没有2023年2月份的计提数据，不能实现凭证自动生成功能，因此本月支付社会保险费的凭证需要手工进行录入。

技能点3 缴纳上月住房公积金

一、业务描述

2023年3月4日，闽潇服饰公司通过三方协议已经缴纳上月住房公积金，并从税务局网站打印完税证明。

二、业务流程

缴纳住房公积金业务流程						
职位＼流程	流程1	流程2	流程3	流程4	流程5	流程8
业务部门						
公司负责人						
会计主管			审核		审核	
总账会计				编制记账凭证		
出纳		打印银行付款凭证				登记银行存款明细账
成本会计	电子税务局公积金缴费	打印完税凭证				登记应付职工薪酬明细账

三、实训资料

（一）住房公积金汇缴书

住房公积金汇缴书

2023年03月04日

附变更清册　张

单位名称（公章）	无锡闽潇服饰有限公司		
单位登记号	32832447	资金来源　□财政统发　□非财政统发	汇缴　2023年02月份

汇缴金额（大写）：贰万肆仟伍佰柒拾陆元整	千	百	十	万	千	百	十	元	角	分
			¥	2	4	5	7	6	0	0

	上月汇缴	本月增加	本月减少	本月汇缴
人数	23			23
金额	¥24 576.00			¥24 576.00
缴款方式	□支票　☑委托收款　□现金送款单　□汇票			
票据号码	11404538		备注：	
付款银行	中国银行无锡梁溪支行			
付款账户	41864409937929			

单位财务主管签字（盖章）：陈立　　复核：林华　　制单：卢婷裁

（二）住房公积金计算表

住房公积金计算表

2023年02月28日　　单位：元

部门		缴费基数	短期薪酬（住房公积金）		
			企业承担部分	个人承担部分	合计
			12.00%	12.00%	
生产车间	生产工人	31 500			
	管理人员	13 000			
管理部门		47 100			
销售部门		10 800			
合计		102 400			

（三）会计分录（业务6）

摘要	会计分录			
	总账科目	明细科目	借方金额	贷方金额

四、财税平台操作流程

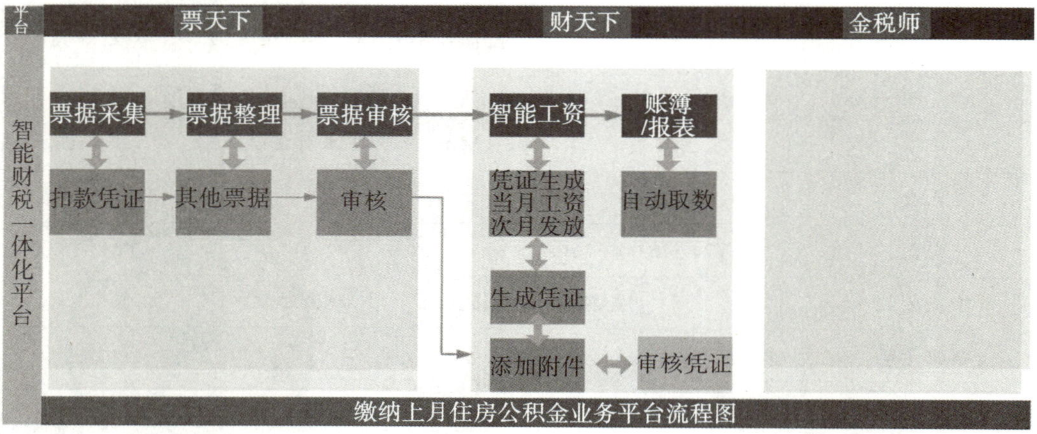

五、实训注意事项

1. 住房公积金，是指企业按照国家规定的基准和比例计算，向住房公积金管理机构缴存的住房公积金。

2. 一般情况下公司负担的住房公积金与个人负担的住房公积金金额相等。

3. 企业支付的住房公积金包括单位负担的住房公积金和个人负担的住房公积金两部分，在填制记账凭证时应注意：支付的个人负担的住房公积金冲减“其他应付款——代扣代缴个人公积金”账户余额；支付的单位负担的住房公积金冲减“应付职工薪酬——住房公积金”账户余额。

4. 因本月建账，智能工资平台没有2月份的计提数据，不能实现凭证自动生成功能，因此本月支付公积金的凭证需要手工进行录入。

技能点4　发放上月工资

一、业务描述

2023年3月5日，闽潇服饰公司发放上月工资。银行通知已扣款完毕，取得电子付款凭证。

二、业务流程

发放工资业务流程									
流程 职位	流程1	流程2	流程3	流程4	流程5	流程6	流程7	流程8	流程9
业务部门									
公司负责人									
会计主管		审核		审核		审核		审核	
总账会计							编制记账凭证		
出纳	编制工资发放通知单				银行批量代付				登记日记账
成本会计			编制工资发放汇总表						登记应付职工薪酬明细账

三、实训资料

（一）银行回单

中国银行

业务回单（付款）

日期：2023年03月05日　　回单编号：38591839664

付款人户名：无锡闽潇服饰有限公司　　付款人开户行：中国银行无锡梁溪支行

付款人账号（卡号）：41864409937929

收款人户名：　　收款人开户行：

收款人账号（卡号）：

金额：柒万玖仟贰佰陆拾肆元柒角伍分　　小写：¥79 264.75元

业务（产品）种类：　　凭证种类：9639394449　　凭证号码：80437061224903045

摘要：代发工资　　用途：　　币种：人民币

交易机构：3824907615　　记账柜员：43427　　交易代码：91229　　渠道：

中国银行无锡梁溪支行 电子回单专用章

本回单为第1次打印，注意重复　打印日期：2023年03月05日　打印柜员：8　验证码：441764652361

（二）批量代付清单

中国银行无锡梁溪支行批量成功代付清单

机构代码：519　机构名称：中国银行无锡梁溪支行　入账日期：2023年03月05日

账号	姓名	金额
622760885276052280	黄小龙	7 667.50
622760885276052702	罗兴	5 412.25
622760885276052608	林文	2 712.50
622760885276052336	陈立	4 262.50
622760885276052090	卢婷裁	2 945.00
622760885276052009	林华	2 712.50
⋮	⋮	⋮
合计		79 264.75

（三）工资结算汇总表

工资结算汇总表

2023年02月28日　　单位：元

部门		短期薪酬		代扣工资						实发金额
		应付工资	三险一金基数	养老保险（8%）	失业保险（0.5%）	医疗保险（2%）	住房公积金（12%）	个人所得税	小计	
生产车间	生产工人	31 500	31 500							
	管理人员	13 000	13 000							
管理部门		47 100	47 100							
销售部门		10 800	10 800					95.25		
合计		102 400	102 400					95.25		

（四）会计分录（业务7）

摘要	会计分录			
	总账科目	明细科目	借方金额	贷方金额

四、财税平台操作流程

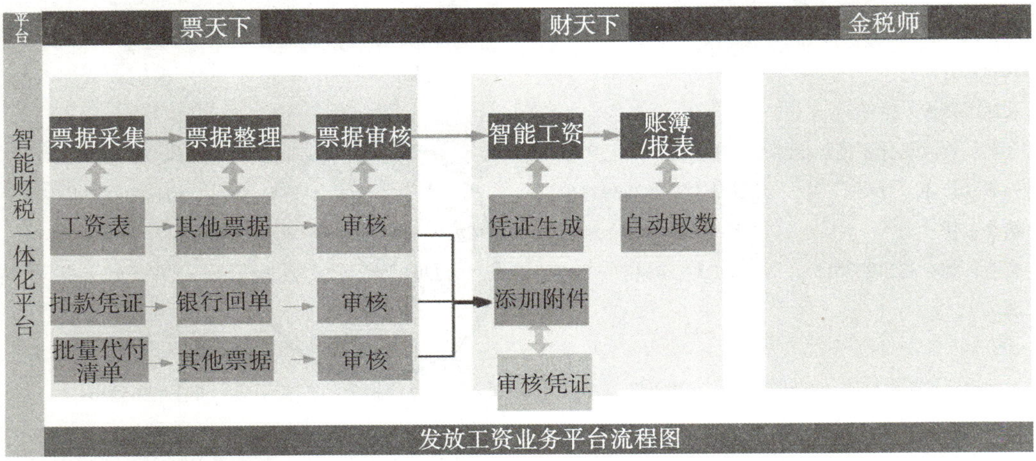

发放工资业务平台流程图

五、实训注意事项

1. 工资总额是指各企业在一定时期内直接支付给本单位全部职工的劳动报酬总额。工资总额由以下六个部分组成：

（1）计时工资；

（2）计件工资；

（3）奖金；

（4）津贴和补贴；

（5）延长工作时间的工资报酬；

（6）特殊情况下支付的工资。

2. 基本工资不包括下列各项：

（1）支付周期超过一个月的劳动报酬，如季度奖、半年奖、年终奖、年底双薪以及按照季度、半年、年结算的业务提成等；

（2）无确定支付周期的劳动报酬，如一次性的奖金、津贴、补贴等。

3. 因本月建账，智能工资平台没有2月份的计提数据，不能实现凭证自动生成功能，因此本月发放工资的凭证需要手工进行录入。

任务三　费用业务

技能点1　报销办公用品费

一、业务描述

2023年3月6日，闽潇服饰公司办公室人员林文从单位经常采购的文具店购买办公用品，文具店将文具送货上门并开具了发票，出纳签发转账支票支付办公用品费1 000元。

二、业务流程

报销办公用品费业务流程							
流程 职位	流程1	流程2	流程3	流程4	流程5	流程6	流程7
业务部门	1.取得费用报销凭证 2.填写费用报销单						
公司负责人							
会计主管		审核		审核		审核	
总账会计					编制记账凭证		
出纳			办理报销支付手续				登记日记账
成本会计							登记成本费用明细表

开具支票业务流程									
流程 职位	流程1	流程2	流程3	流程4	流程5	流程6	流程7	流程8	流程9
业务部门	填制支票支付申请书		提交支票支付申请书			接收出纳支票移送收款人			
公司负责人									
会计主管		审批		审核		审核支票存根		审核	
总账会计							编制记账凭证		
出纳					1.签发支票 2.登记支票登记簿				登记日记账
成本会计									登记成本费用明细表

三、实训资料

（一）转账支票

中国银行
转账支票存根
10403220
95181817

附加信息

出票日期：2023年03月06日

收 款 人：	博通文具公司
金　　额：	1 000.00
用　　途：	购买办公用品

单位主管　陈立　　会计　林华

付款期限自出票之日起十天

中国银行　转账支票

出票日期（大写）贰零贰叁年零叁月零陆日　　付款行名称：中国银行无锡梁溪支行

收款人：博通文具公司　　出票人账号：41864409937929

人民币（大写）	亿	千	百	十	万	千	百	十	元	角	分
壹仟元整						¥	1	0	0	0	0	0

用途________　　密码：5386263684665084

上列款项请从
我账户内支付
出票人签章　　　　复核　　记账

无锡闽潇服饰有限公司 财务专用章　　罗兴印

（二）付款申请单

付款申请单

申请日期：2023 年 03 月 06 日

申请部门	办公室	申请人	林文
申请事由	购买办公用品		
收款单位	博通文具公司	收款人	林以修
申请付款金额	¥1 000.00		
付款方式	☐现　☐转　☑其他	大写：壹仟元整	
备注			

主管领导：罗兴　　财务负责人：陈立　　部门负责人：林文

（三）费用报销单

费用报销单

报销部门：办公室　　　　2023年03月06日　　　　单据及附件共____页

用　途	金　额（元）	备注		
购买办公用品	1 000.00			
		部门审核		领导审核
合　　计	¥1 000.00			
金额大写：零拾零万壹仟零佰零拾零元零角零分		原借款：¥0.00元		应退余款：¥0.00元

会计主管　陈立　　会计　林华　　出纳　卢婷裁　　报销人　林文　　领款人

（四）增值税专用发票

3200151140　　**江苏增值税专用发票**　　№20651246

发票联

开票日期：2023年03月06日

购买方	名　　称：无锡闽潇服饰有限公司 纳税人识别号：913501046307045023 地 址、电 话：江苏省无锡市梁溪区首秀路3号0510－90102394 开户行及账号：中国银行无锡梁溪支行41864409937929	密码区	172312－4－275＜1+46*54*82*59* 181321>＜8182*59*09618153＜/ ＜4＜3*2702－9>9*+153</0;>2－3 *08/4>*>>2－－3*0/9/>>25－－275＜1

货物或应税劳务、服务名称	规格型号	单位	数　量	单　价	金　额	税率	税　额
打印纸		箱	3	94.99	284.96	13%	37.04
签字笔		箱	4	50.00	200.00	13%	26.00
胶水		盒	2	50.00	100.00	13%	13.00
文件夹		个	10	10.00	100.00	13%	13.00
笔记本		包	8	25.00	200.00	13%	26.00
合　计					¥884.96		¥115.04
价税合计（大写）	⊗壹仟元整				（小写）¥1 000.00		

销售方	名　　称：博通文具公司 纳税人识别号：91320205M043814176 地 址、电 话：无锡锡山区晨际路720号0510-09430093 开户行及账号：工行无锡锡山区森道路支行7701711016905902025	备注	校验码52117 02817 08248 65199

收款人：尚　云　　复核：黄微松　　开票人：杨　秀　　销售方（章）

第三联　发票联　购买方记账凭证

（五）会计分录（业务8）

摘要	会计分录			
	总账科目	明细科目	借方金额	贷方金额

四、财税平台操作流程

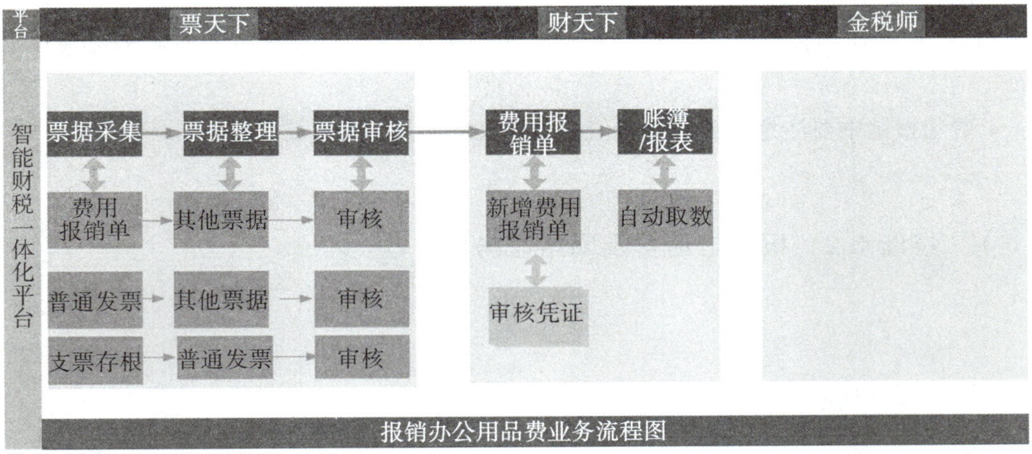

报销办公用品费业务流程图

五、实训注意事项

1.日常费用主要包括差旅费、电话费、交通费、办公费、低值易耗品购置费、业务招待费、培训费等。在一个预算期间内，各项费用的累计支出原则上不得超出预算。

2.费用报销的一般规定：

（1）遵循“实事求是，准确无误”的原则，有明确的发生原因、费用项目、发生时间、地点、金额及报销人、审批人；

（2）报销的费用项目、报销标准和报销审批程序符合企业制度的规定；

（3）报销人取得相应的报销单据，且报销单据上经办人、验收证明（复核）人、审批人签名齐全，报销单据所附原始凭证应是税务机关认可的合法、完整、有效凭证。

3.报销单据的填写及原始凭证的粘贴须符合会计工作基本规范的要求：

（1）应根据报销费用性质填写对应单据；

（2）必须严格按单据要求项目认真填写，注明附件张数，简述费用内容或事由，力求整洁美观，不得随意涂改；

（3）报销单封面与封面后的托纸必须大小一致，各票据不得突出于封面和托纸之外（票据过大时应按封面大小折叠好）；

（4）各票据应均匀贴在报销单封面后的托纸上，整份报销单各部分厚度应尽量保持一致，若报销票据面积大小相同或相似（如车票等），须有层次顺序张贴；

（5）报销单据金额、类型相同的（如车票等），应尽量粘贴在一起，并按金额大小排列；

（6）报销票据在粘贴时，须确保审核人能够完全清楚地审阅到报销金额；

（7）报销单据一律用黑色钢笔或签字笔填写；

（8）报销单各项目应填写完整，大小写金额一致，并经部门领导批准；

（9）有实物的报销单据须列出实物明细表并由验收人验收后在发票背面签名确认，低值易耗品等需入库的实物单据还应附入库单；

（10）出租车票据须注明业务发生时间、起止地点、人物事件等资料，每张出租车票背面须有主管领导签字确认；

（11）招待费的报销单据须注明其招待人员及人数并附用餐申请单作为餐费发票的附件。

4. 费用报销中要注意收到的是增值税专用发票还是普通发票。

技能点2　报销电话费及网络服务费

一、业务描述

2023年3月6日，银行通知闽潇服饰公司，电信公司委托银行收取本期的电话费和网络服务费已经从账户上自动扣除，出纳取得银行开具的代收费业务发票和托收凭证付款通知。

二、业务流程

报销电话费及网络服务费业务流程

职位＼流程	流程1	流程2	流程3	流程4	流程5	流程6
业务部门						
公司负责人						
会计主管		审核			审核	
总账会计				填制记账凭证		
出纳	取得委托收款（付款）通知单		填制付款报告书			登记日记账
成本会计						登记成本费用明细账

三、实训资料

（一）增值税专用发票

3200151140　**江苏增值税专用发票**　№14903260

（监制章：国家税务总局 江苏省税务局）发票联

开票日期：2023年03月06日

购买方	名　　称：无锡闽潇服饰有限公司 纳税人识别号：913501046307045023 地 址、电 话：江苏省无锡市梁溪区首秀路3号0510-90102394 开户行及账号：中国银行无锡梁溪支行41864409937929	密码区	172312- 4- 275 < 1+46*54* 82*59* 181321> < 8182*59*09618153 < / < 4< 3*2702- 9> 9*+153</0 ; > 2-3 *08/4> *> > 2- -3*0/9/>> 25- -275 < 1

货物或应税劳务、服务名称	规格型号	单位	数　量	单　价	金　额	税率	税　额
*电信服务*电信基础服务费		次	1	2 300.00	2 300.00	9%	207.00
合　计					¥2 300.00		¥207.00
价税合计（大写）	⊗贰仟伍佰零柒元整					（小写）	¥2 507.00

销售方	名　　称：中国电信服务有限公司无锡分公司 纳税人识别号：91320213M827743044 地 址、电 话：江苏省无锡市梁溪区聚芬路886号0510-14075900 开户行及账号：工行无锡梁溪区泰泽路支行5540000703997635629	备注	校验码52118 02817 08248 65199 （印章：中国电信服务有限公司无锡分公司 91320213M827743044 发票专用章）

收款人：李　玉　　复核：梁　姣　　开票人：陈　挺　　销售方（章）

第三联　发票联　购买方记账凭证

3200151140　**江苏增值税专用发票**　№14903261

（监制章：国家税务总局 江苏省税务局）发票联

开票日期：2023年03月06日

购买方	名　　称：无锡闽潇服饰有限公司 纳税人识别号：913501046307045023 地 址、电 话：江苏省无锡市梁溪区首秀路3号0510-90102394 开户行及账号：中国银行无锡梁溪支行41864409937929	密码区	172312- 4- 275 < 1+46*54* 82*59* 181321> < 8182*59*09618153 < / < 4< 3*2702- 9> 9*+153</0 ; > 2-5 *08/4> *> > 2- -3*0/9/>> 25- -275 < 2

货物或应税劳务、服务名称	规格型号	单位	数　量	单　价	金　额	税率	税　额
*电信服务*电信增值服务费			1	500.00	500.00	6%	30.00
合　计					¥500.00		¥30.00
价税合计（大写）	⊗伍佰叁拾元整					（小写）	¥530.00

销售方	名　　称：中国电信服务有限公司无锡分公司 纳税人识别号：91320213M827743044 地 址、电 话：江苏省无锡市梁溪区聚芬路886号0510-14075900 开户行及账号：工行无锡梁溪区泰泽路支行5540000703997635629	备注	校验码52118 02817 08248 65299 （印章：中国电信服务有限公司无锡分公司 91320213M827743044 发票专用章）

收款人：李　玉　　复核：梁　姣　　开票人：陈　挺　　销售方（章）

第三联　发票联　购买方记账凭证

（二）托收凭证

中国银行 托收凭证（付款通知）

5 №109046

委托日期 2023年03月06日　　付款期限 2023年03月11日

委托收款（☑邮划、□电划）　托收承付（□邮划、□电划）

出票人	全称	无锡闽潇服饰有限公司		收款人	全称	中国电信服务有限公司无锡分公司
	账号	41864409937929			账号	5540000703997635629
	地址	江苏省无锡市/县	开户行：中国银行无锡梁溪支行		地址	江苏省无锡市/县　开户行：工行无锡梁溪区震泽路支行
金额	人民币（大写）	叁仟零叁拾柒元整			亿千百十万千百十元角分	¥303700
款项内容	电话费及网络服务费	托收凭据名称	发票		附寄单证张数	1
商品发运情况					合同编号	46278853

备注：

付款人开户银行收到日期：

2023年03月11日

复核　记账

中国银行无锡梁溪支行 2023.03.06 转讫

付款人开户银行签章

2023年03月06日

付款人注意：

1.根据支付结算办法，上列委托收款（托收承付）款项在付款期限内未提出拒付，即视为同意付款，以此代付款通知。

2.如需提出全部或部分拒付，应在规定期限内，将拒付理由书并附债务证明退交开户银行。

此联是收款人开户银行交给收款人的收账通知

（三）付款申请单

付款申请单

申请日期：2023年03月06日

申请部门	办公室	申请人	林文
申请事由	电话费及网络服务费		
收款单位	中国电信服务有限公司无锡分公司	收款人	赵文
申请付款金额	¥3 037.00		
付款方式	□现　□转　☑其他	大写：叁仟零叁拾柒元整	
备注			

主管领导：罗兴　　财务负责人：陈立　　部门负责人：林文

（四）会计分录（业务9）

摘要	会计分录			
	总账科目	明细科目	借方金额	贷方金额

四、财税平台操作流程

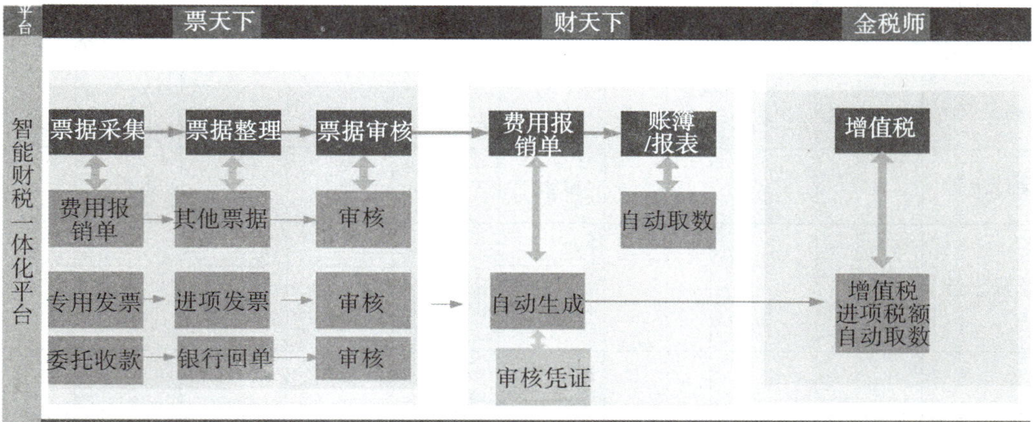

报销电话费及网络服务费业务流程图

五、实训注意事项

1. 电信业务可分为基础电信业务和增值电信业务，基础电信服务的增值税税率为9%，增值电信服务的增值税税率为6%。

2. 企业的电信业务费用常见的有通话费和网络使用费。

3. 通话费属于通信费，是基础电信业务；网络使用费属于互联网接入费，是增值电信业务。

技能点3 报销差旅费

一、业务描述

2023年3月6日，采购部陈勇出差回来报销差旅费，出纳收到陈勇退回的多余现金借款900元。

二、业务流程

报销差旅费业务流程									
职位 \ 流程	流程1	流程2	流程3	流程4	流程5	流程6	流程7	流程8	流程9
业务部门	填写费用报销单		提交费用报销凭证				取得或补交差额款		

续表

报销差旅费业务流程									
流程 职位	流程1	流程2	流程3	流程4	流程5	流程6	流程7	流程8	流程9
公司负责人		审批							
会计主管				审批		审批		审核	
总账会计							编制记账凭证		
出纳					办理报销支付手续				登记日记账
成本会计									登记成本费用明细账

三、实训资料

（一）收款收据

收　款　收　据

2023年03月06日　　　　No.7613273

今日收到　陈勇

交　　来　退还差旅费多余款

人民币（大写）零拾零万零仟玖佰零拾零元零角零分　　¥ 900.00

（印章：无锡闽潇服饰有限公司 财务专用章）

第一联 存根

主管：陈立　　会计：林华　　记账：林华　　出纳：卢婷裁　　经办人：

（二）差旅费报销单

差旅费报销单

报销部门：采购部　　　　报销日期：2023年03月06日

出差人：陈勇　　　　出差事由：洽谈公务

出差日期：2023 年 03 月 02 日 至 2023 年 03 月 05 日 共计：4 天							
车船费					其他费用		
出发地	到达地	交通工具	附件张数	金额	项目	附件张数	金额
无锡	成都	飞机	1	2 560.00	住宿	1	1 260.00
成都	无锡	飞机	1	2 560.00	餐饮		
					市内交通		
					通信费		
					其他		
					补贴	180元/天/人	720.00
合计			2	¥5 120.00	合计		¥1 980.00
费用合计：¥7 100.00 元　大写（人民币）：柒仟壹佰元整							
预借差旅费：¥8 000.00 元　补领金额：　元　退还金额：¥900.00 元							
核实后报销金额：¥7 100.00 元　大写（人民币）：柒仟壹佰元整							

审批：罗兴　　财务主管：陈立　　会计：林华　　部门主管：李蠡　　领款人：陈勇

（三）飞机票

航空运输电子客票行程单

国家税务总局监制

印刷序号：

旅客姓名 陈勇		有效身份证件号码 341221198812081311				备注 不得自愿签转变更退票			
自 无锡市 至 成都市 至 至 至	承运人	航班号	座位等级	日期	时间	客票等级/客票类别	客票生效日期	有效终止日期	免费行李
	东航	MU8494		2023-03-02		ETD00			20K
	票价 CNY¥2 450.00		民航发展基金 CNY¥50.00		燃油附加费 CNY¥60.00	其他税费 CNY	合计TOTAL CNY¥2 560.00		
电子客票号码 9357348538658CONJ36/18		验证码 0059	提示信息					保险费	
销售单位代号 BJN738		填开单位： 东方航空有限公司无锡市营业部				填开日期： 2023年03月02日			

中国民航电子客票行程单 发票专用章

验证网址：WWW.TRAVELSKY.COM　　服务热线：400-815-8888　　短信验真：发送JP至10669018

航空运输电子客票行程单

印刷序号：

旅客姓名	有效身份证件号码	备注
陈勇	341221198812081311	不得自愿签转变更退票

	承运人	航班号	座位等级	日期	时间	客票等级/客票类别	客票生效日期	有效终止日期	免费行李
自 成都市 至 无锡市 至 至 至	东航	MU5024		2023-03-05		ETD00			20K

票价	民航发展基金	燃油附加费	其他税费	合计TOTAL
CNY¥2 450.00	CNY¥50.00	CNY¥60.00	CNY	CNY¥2 560.00

电子客票号码	验证码	提示信息	保险费
679809940799	5854	东航进出成都市在2号候机楼	

销售单位代号	填开单位	填开日期
BJN220	东方航空有限公司成都市营业部	2023年03月05日

验证网址：WWW.TRAVELSKY.COM　服务热线：400-815-8888　短信验真：发送JP至10669018

（印章：全国统一发票监制章 国家税务总局监制；中国民航电子客票行程单 发票专用章）

（四）增值税普通发票

5100221140　**四川增值税普通发票**　№63017489

发票联

开票日期：2023年03月05日

购买方		密码区
名　　称：无锡闽潇服饰有限公司 纳税人识别号：913501046307045023 地 址、电 话：江苏省无锡市梁溪区首秀路3号0510-90102394 开户行及账号：中国银行无锡梁溪支行41864409937929		172312- 4- 275 < 1+46*54* 82*59* 181321> < 8182*59*09618153 < / < 4< 3*2702- 9> 9*+153</0 ; > 2-3 *08/4> *> > 2- -3*0/9/>> 25- -275 < 1

货物或应税劳务、服务名称	规格型号	单位	数　量	单　价	金　额	税率	税　额
*住宿服务*住宿费			3	396.23	1 188.68	6%	71.32
合　计					¥1 188.68		¥71.32
价税合计（大写）	⊗壹仟贰佰陆拾元整					（小写）	¥1 260.00

销售方	备注
名　　称：成都杨春酒店有限责任公司 纳税人识别号：915102844350109459 地 址、电 话：四川省成都市锦江区寒天路22号028-88787878 开户行及账号：中国农业银行成都锦江支行41801300398789	校验码 52118 02817 08246 65199

收款人：王　东　　复核：田　园　　开票人：张　玲　　销售方（章）

第三联　发票联　购买方记账凭证

（印章：全国统一发票监制章 国家税务总局 四川省税务局；成都杨春酒店有限责任公司 915102844350109459 发票专用章）

（五）会计分录（业务10）

摘要	会计分录			
	总账科目	明细科目	借方金额	贷方金额

四、财税平台操作流程

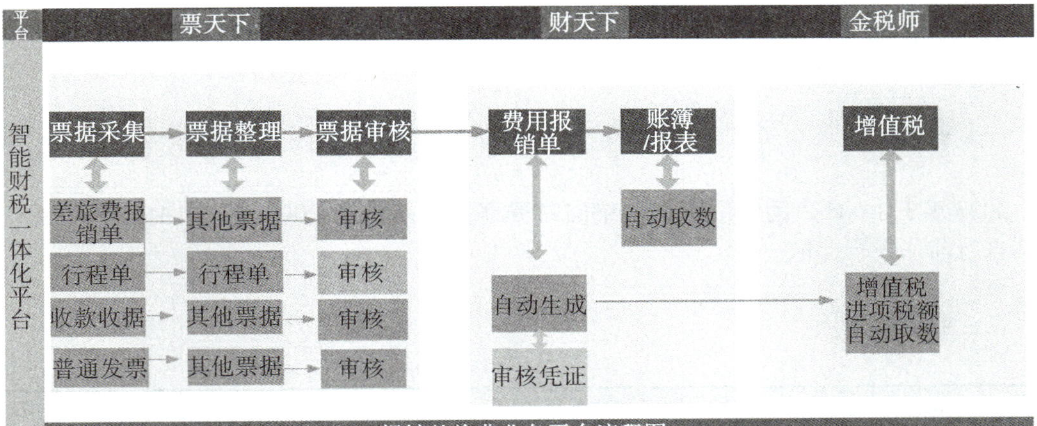

报销差旅费业务平台流程图

五、实训注意事项

1. 员工因公出差必须经部门负责人核准，在规定的时间、地点，乘坐规定的交通工具、完成规定的任务；情况变化需改变地点或延长时间的，须事先报告主管领导同意。

2. 员工出差经部门负责人同意可以预借差旅费，借款金额及手续按照资金管理制度确定。

3. 根据差旅费标准填写“差旅费报销单”，执行费用报销流程。与原规定的地点、天数、人数、交通工具不符的差旅费不予报销。

4. 纳税人购进国内旅客运输服务，其进项税额允许从销项税额中抵扣。5种旅客运输进项税额抵扣凭证分别为：增值税专用发票、增值税电子普通发票、注明旅客身份信息的航空运输电子客票行程单、铁路车票以及公路、水路等其他客票。

5. 纳税人购进的旅客运输服务进项税额抵扣办法：

（1）取得增值税专用发票和增值税电子普通发票的，按发票上注明的税额抵扣进项税额；

（2）取得注明旅客身份信息的航空运输电子客票行程单的，可抵扣的进项税额=（票价+燃油附加费）÷（1+9%）×9%；

（3）取得注明旅客身份信息的铁路车票的，可抵扣的进项税额=票面金额÷（1+9%）×9%；

（4）取得注明旅客身份信息的公路、水路等客票的，可抵扣的进项税额=票面金额÷（1+3%）×3%。

6. 飞机票是含税价，包含票价、机场建设费和燃油附加费。价税分离计算时不包括机场建设费，机场建设费进项税不抵扣。注意本案例中住宿费提供的是增值税普通发票。

技能点4　预借差旅费

一、业务描述

2023年3月6日，销售门市部李梁向财务部预借差旅费5 000元，出纳开出现金支票让其自行前往银行提取。

二、业务流程

预借差旅费业务流程							
流程 职位	流程1	流程2	流程3	流程4	流程5	流程6	流程7
业务部门	领取、填写借款单						
部门负责人		审批					
会计主管			审核			审核	
总账会计					编制记账凭证		
出纳				用现金或支票支付借款			登记日记账
成本会计							登记明细账

三、实训资料

（一）借款单

借　款　单

资金性质：预借差旅费　　　　　　　　　申请日期：2023年03月06日

借款单位	销售门市部		
借款理由	出差预借差旅费		
借款数额	人民币（大写）伍仟元整　　¥5 000.00		
本单位负责人意见	同意	借款人（签章）	李梁
领导指示：同意	会计主管人员核批：同意	付款记录：2023年03月06日以第 1 号支票或现金支出凭单付给	

（二）现金支票

中国银行
现金支票存根
10403210
49959925
附加信息
出票日期：2023年03月06日

收 款 人：	李梁
金　　额：	¥5 000.00
用　　途：	预借差旅费

单位主管 陈立　　会计 林华

中国银行　现金支票　　10403210 49959925

本支票付款期限十天

出票日期（大写）贰零贰叁年零叁月零陆日　　付款行名称：中国银行无锡梁溪支行

收款人：李梁　　出票人账号：41864409937929

人民币（大写）	亿	千	百	十	万	千	百	十	元	角	分
伍仟元整					¥	5	0	0	0	0	0

用途________　　密码：0753074471403093

上列款项请从
我账户内支付
出票人签章　　无锡闽潇服饰有限公司 财务专用章　　罗兴印　　复核　　记账

（三）会计分录（业务11）

摘要	会计分录			
	总账科目	明细科目	借方金额	贷方金额

四、财税平台操作流程

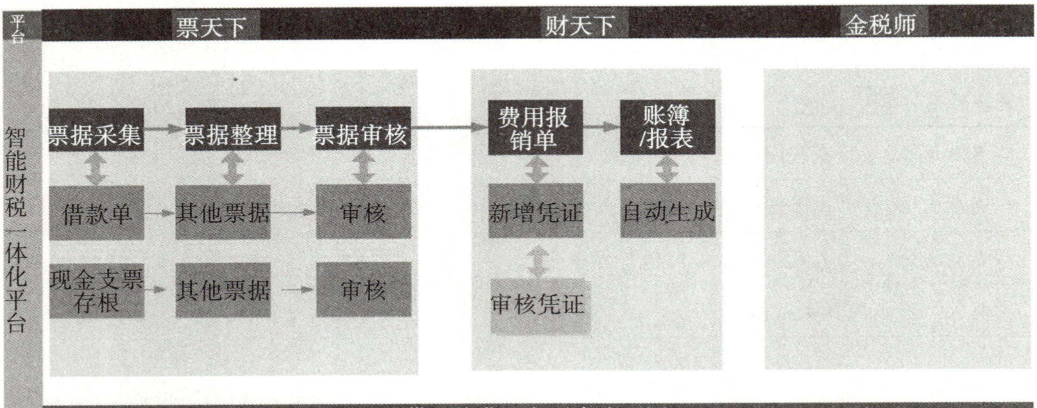

预借差旅费业务平台流程图

五、实训注意事项

1. 员工出差可以预借差旅费，借款金额及手续按照企业资金管理制度确定。

2. 出差人员每一次出差回来后要及时报销清账，报销后才允许预借下一次差旅费。

3. 员工预借差旅费与报销是两笔不同的业务，预借差旅费通过“其他应收款”科目核算，而报销时才通过“管理费用”“销售费用”等科目核算。

技能点 5　支付新产品技术研究开发费

一、业务描述

2023 年 3 月 7 日，闽潇服饰公司通过网银支付东莞伊莲服饰有限公司外包开发新技术项目研发支出费用。

二、业务流程

支付新产品技术研发费业务流程									
流程 职位	流程 1	流程 2	流程 3	流程 4	流程 5	流程 6	流程 7	流程 8	流程 9
业务部门	填写汇款申请书		提交汇款申请书						

续表

支付新产品技术研发费业务流程									
流程 职位	流程1	流程2	流程3	流程4	流程5	流程6	流程7	流程8	流程9
公司负责人		审批							
会计主管				审核		审核		审核	
总账会计							编制 记账凭证		
出纳					办理 汇兑手续				登记 日记账
成本会计									登记相关 明细账

三、实训资料

（一）合同

合作开发新技术合同

（2023）第1号

甲方	东莞伊莲服饰有限公司	乙方	无锡闽潇服饰有限公司
地址	广东省东莞市马杰街徐莉路	地址	江苏省无锡市梁溪区首秀路3号
电话	0769- 46831710	电话	0510-90102394
联系人	李东	联系人	罗兴
合同条款	无锡闽潇服饰有限公司（本协议中乙方）与东莞伊莲服饰有限公司（本协议中甲方）合作开发新技术，就有关项目形成如下意见： 第一条：甲方负责在现有研究基础上开发新的技术，并能应用到企业新产品生产中。合同总金额为800 000.00元，项目开发周期为1年。 第二条：根据合作开发进度支付款项，其中2023年3月7日支付100 000.00元。2023年9月7日支付300 000.00元，余款于验收后一次支付。  甲方签章：　　乙方签章： 日期：贰零贰叁年零叁月零柒日　　日期：贰零贰叁年零叁月零柒日			

（二）增值税普通发票

4400221140 **广东增值税专用发票** №93132802

国家税务总局 发票联

开票日期：2023年03月07日

购买方	名　　称：无锡闽潇服饰有限公司 纳税人识别号：913501046307045023 地 址、电 话：江苏省无锡市梁溪区首秀路3号0510-90102394 开户行及账号：中国银行无锡梁溪支行41864409937929	密码区	172312- 4- 275 < 1+46*54* 82*59* 181321> < 8182*59*09618153 < / < 4< 3*2702- 9> 9*+153</0 ; > 2-3 *08/4> *> > 2- -3*0/9/>> 25- -275 < 1

货物或应税劳务、服务名称	规格型号	单位	数　量	单　价	金　额	税率	税　额
*研发和技术服务*技术开发费			1	100 000.00	100 000.00		0.00
合　计					¥100 000.00		¥0.00
价税合计（大写）	⊗壹拾万元整						（小写）¥100 000.00

销售方	名　　称：东莞伊莲服饰有限公司 纳税人识别号：91441900M686822097 地 址、电 话：广东省东莞市马杰街徐莉路0769-46831710 开户行及账号：工行东莞市恒易路支行3232890235197068969	备注	校验码52118 02817 08248 65199 东莞伊莲服饰有限公司 91441900M686822097 发票专用章

收款人：　　复核：林　伟　　开票人：黄以修　　销售方（章）

第三联 发票联 购买方记账凭证

（三）电汇凭证

中国银行 电汇凭证（回单）1

☑普通　☐加急　　委托日期2023年03月07日　　№08445446

汇款人	全　　称	无锡闽潇服饰有限公司	收款人	全　　称	东莞伊莲服饰有限公司
	账　　号	41864409937929		账　　号	3232890235197068969
	汇出地点	江苏 省 无锡 市/县		汇入地点	广东 省 东莞 市/县
汇出行名称		中国银行无锡梁溪支行	汇入行名称		工行东莞市恒易路支行

金额	人民币（大写）壹拾万元整	千	百	十	万	千	百	十	元	角	分
			¥	1	0	0	0	0	0	0	0

中国银行无锡梁溪支行 2023.03.07 转讫 汇出银行盖章	支付密码	779076475886
	附加信息及用途 复核　　记账	

此联汇出行给汇款人的回单

（四）付款申请书

付款申请单

申请日期：2023年03月07日

申请部门	办公室	申请人	林文
申请事由	支付技术服务费		
收款单位	东莞伊莲服饰有限公司	收款人	
申请付款金额	¥100 000.00		
付款方式	□现　□转　☑其他	大写：壹拾万元整	
备注			

主管领导：罗兴　　财务负责人：陈立　　部门负责人：林文

（五）会计分录（业务12）

摘要	会计分录			
	总账科目	明细科目	借方金额	贷方金额

四、财税平台操作流程

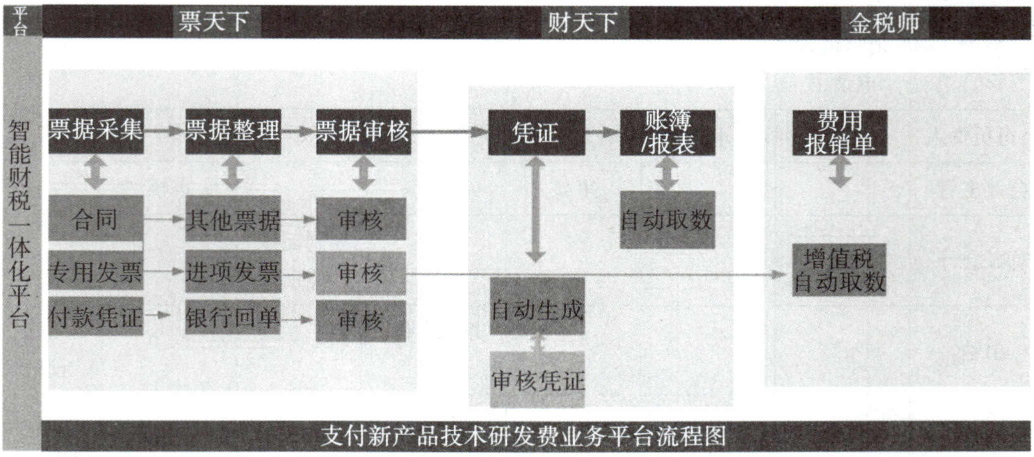

五、实训注意事项

1. 企业自行开发无形资产发生的研发支出，不满足资本化条件的，借记“研发支出（费用化支出）”科目，满足资本化条件的，借记“研发支出（资本化支出）”科目，贷记“原材料”、“银行存款”和“应付职工薪酬”等科目。

2. 研究开发项目达到预定用途形成无形资产的，应按“研发支出（资本化支出）”科目的余额，借记“无形资产”科目，贷记“研发支出（资本化支出）科目。

3. 期（月）末，应将研发支出归集的费用化支出金额转入“管理费用”科目，借记“管理费用”科目，贷记“研发支出（费用化支出）”科目。

技能点6　支付固定资产修理费

一、业务描述

2023年3月7日，闽潇服饰公司通过网银支付成都锤子房屋修缮工程有限责任公司的固定资产修理费用于修缮车间房屋。

二、业务流程

支付固定资产修理费业务流程

职位＼流程	流程1	流程2	流程3	流程4	流程5	流程6	流程7
业务部门	填写付款申请书						
公司负责人		审批					
会计主管			审核			审核	
总账会计					编制记账凭证		
出纳				办理支付手续			登记日记账
成本会计							登记成本费用明细账

三、实训资料

（一）增值税专用发票

5100221140　　**四川增值税专用发票**　　№80943190

发票联

开票日期：2023年03月07日

购买方	名　　称：无锡闽潇服饰有限公司 纳税人识别号：913501046307045023 地 址、电 话：江苏省无锡市梁溪区首秀路3号0510-90102394 开户行及账号：中国银行无锡梁溪支行41864409937929	密码区	172312-4-275<1+46*54*82*59* 181321><8182*59*09618153</ <4<3*2702-9>9*+153</0;>2-3 *08/4>*>>2--3*0/9/>>25--275<1

货物或应税劳务、服务名称	规格型号	单位	数量	单价	金额	税率	税额
*修缮服务*房屋修缮			1	30 000.00	30 000.00	9%	2 700.00
合　计					¥30 000.00		¥2 700.00
价税合计（大写）	⊗叁万贰仟柒佰元整					（小写）	¥32 700.00

销售方	名　　称：成都锤子房屋修缮工程有限公司 纳税人识别号：91510284666689125 地 址、电 话：四川省成都市新都区李及街129号028-76890398 开户行及账号：中国建设银行成都市新都区支行	备注	校验码52118 02817 08248 65199

收款人：陈一兵　　复核：　　开票人：　　销售方（章）

第三联 发票联 购买方记账凭证

（二）银行回单

中国银行

业务回单（付款）

日期：2023年03月07日　　回单编号：96552999237

付款人户名：无锡闽潇服饰有限公司　　付款人开户行：中国银行无锡梁溪支行

付款人账号（卡号）：41864409937929

收款人户名：成都锤子房屋修缮工程有限公司　　收款人开户行：中国建设银行成都市新都区支行

收款人账号（卡号）：41864409937929

金额：叁万贰仟柒佰元整　　小写：¥32 700.00元

业务（产品）种类：　　凭证种类：3897217092　　凭证号码：86784176750135950

摘要：房屋修缮费　　用途：　　币种：人民币

交易机构：4468628258　　记账柜员：92489　　交易代码：33719　　渠道：41864409937929

本回单为第1次打印，注意重复 打印日期：2023年03月07日 打印柜员：9 验证码：495136706722

（三）付款申请书

付款申请单

申请日期：2023年03月07日

申请部门	销售门市部	申请人	薛东
申请事由	修缮房屋		
收款单位	成都锤子房屋修缮工程有限公司	收款人	
申请付款金额	¥32 700.00		
付款方式	□现 ☑转 □其他	大写：叁万贰仟柒佰元整	
备注			

主管领导：罗兴　　财务负责人：陈立　　部门负责人：薛东

（四）会计分录（业务13）

摘要	会计分录			
	总账科目	明细科目	借方金额	贷方金额

四、财税平台操作流程

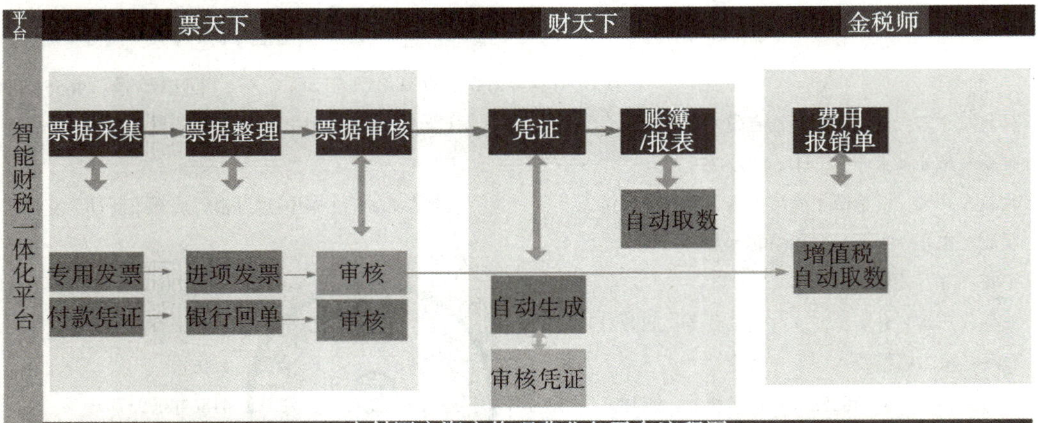

支付固定资产修理费业务平台流程图

五、实训注意事项

1. 固定资产修理费属于企业日常的维修活动支出，费用化的合理支出通过“管理费用”科目进行核算。

2. 由于日常的修理工作是为了使固定资产能以原有的生产能力继续生产或维持其原有的经济利益实现能力，而并没有提高其生产能力或经济利益的实现能力并且这种维修是经常性的，所以它不符合资本化的条件，应计入管理费用。

3. 固定资产进行改建、扩建、更新改造时，从实质上改善或提高了固定资产的生产能力或实现经济利益的能力，其支出金额一般较大，且并非经常性、一般性的，符合固定资产后续支出资本化的条件，所以应计入固定资产成本。

任务四 银行结算业务

技能点1 提取备用金业务

一、业务描述

2023年3月8日，闽潇服饰公司备用金已经不足，根据企业现金管理规定，出纳开出现金支票从银行账户提取备用金5 000.00元。

二、业务流程

提取备用金业务流程

职位＼流程	流程1	流程2	流程3	流程4	流程5	流程6	流程7	流程8
业务部门								
公司负责人		审批	审核					
会计主管					审核		审核	
总账会计						编制记账凭证		
出纳	填制支票付款申请书			签发现金支票				登记日记账
成本会计				登记支票登记簿				

三、实训资料

（一）现金支票

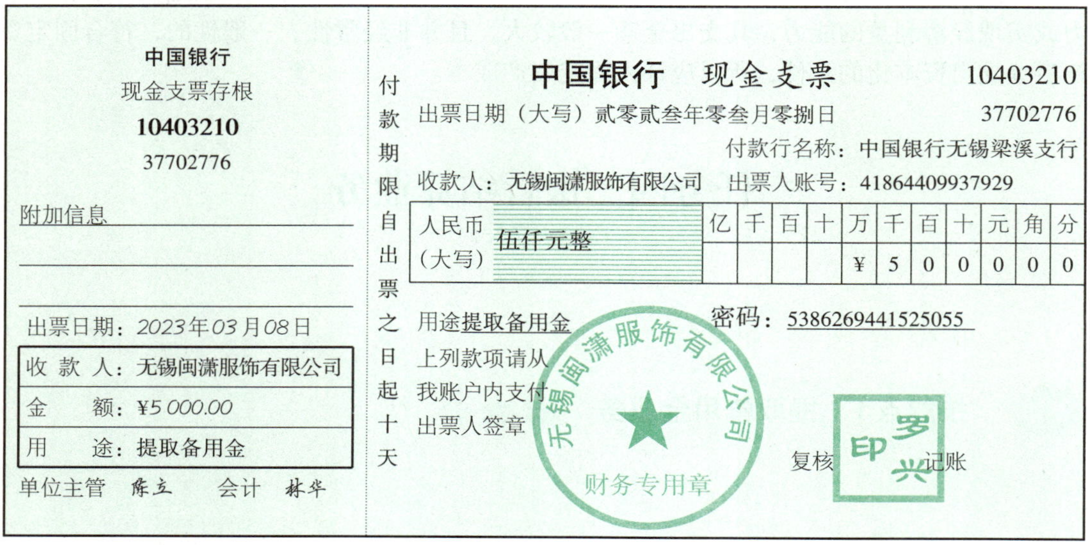

中国银行
现金支票存根
10403210
37702776
附加信息
出票日期：2023年03月08日
收 款 人：无锡闽潇服饰有限公司
金　　额：¥5 000.00
用　　途：提取备用金
单位主管　陈立　　会计　林华

中国银行　现金支票　10403210
37702776
付款期限自出票之日起十天
出票日期（大写）贰零贰叁年零叁月零捌日
付款行名称：中国银行无锡梁溪支行
收款人：无锡闽潇服饰有限公司　出票人账号：41864409937929
人民币（大写）伍仟元整

亿	千	百	十	万	千	百	十	元	角	分
				¥	5	0	0	0	0	0

用途提取备用金　密码：5386269441525055
上列款项请从
我账户内支付
出票人签章　无锡闽潇服饰有限公司 财务专用章　罗兴印
复核　记账

（二）会计分录（业务14）

摘要	会计分录			
	总账科目	明细科目	借方金额	贷方金额

四、财税平台操作流程

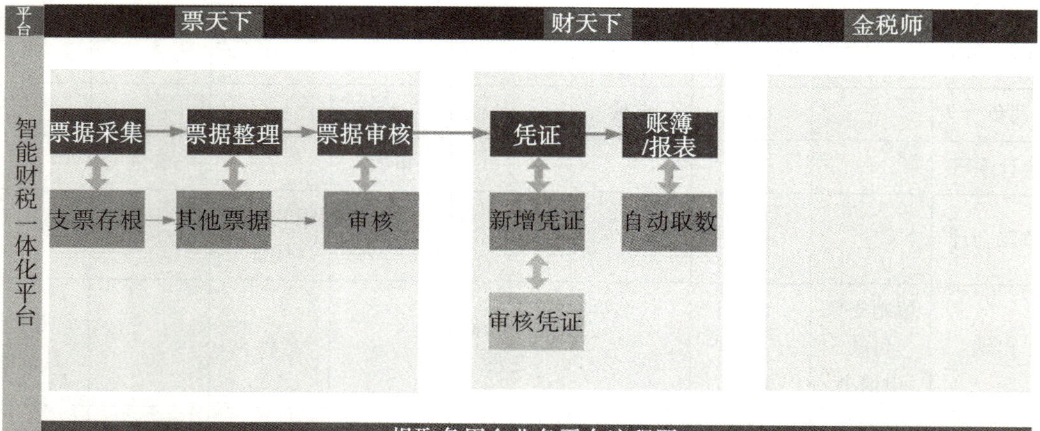

提取备用金业务平台流程图

五、实训注意事项

1. 现金支票的填写要求很严格：必须使用碳素墨水或蓝黑墨水用钢笔填写，书写要认真，不能潦草。签发日期应填写实际出票日期，收款人名称填写应与预留印鉴名称保持一致，金额必须按规定填写，金额如有错误，不能更改，应作废重填，用途栏要填写真实用途，不得弄虚作假，签章必须与银行预留印鉴相符，支票背面要有取款单位或取款人背书。

2. 向开户银行提交取款凭证。取款人持现金支票到开户银行后，向开户银行会计窗口交现金支票，银行核对无误后付现金。

3. 取款人收取现金后，应根据取款数额认真清点、确认无误后才能离开。

4. 取回现金后，应及时将现金存入保险柜内。

技能点2　申请银行汇票

一、业务描述

2023年3月8日，闽潇服饰公司申请银行汇票用于向上海康华百货有限公司采购原材料棉布。申请的银行汇票金额为230 000元。上海康华百货有限公司开户行及账号为：中国建设银行上海市徐汇区支行，41450760236770。

二、业务流程

申请银行汇票业务流程

职位＼流程	流程1	流程2	流程3	流程4	流程5	流程6	流程7	流程8	流程9
业务部门	填写开具银行汇票申请书		提交开具银行汇票申请书			取得银行汇票			
公司负责人		审核							
会计主管				审核		审核		审核	
总账会计							编制记账凭证		
出纳					办理银行汇票				登记日记账
成本会计									登记其他货币资金明细账

三、实训资料

（一）结算业务申请书

中国银行 结算业务申请书

AB21435143

申请日期：2023年03月08日

业务类型：电汇□ 信汇□ 汇票申请书☑ 本票申请书□ 其他□

汇款人	全　　称	无锡闽潇服饰有限公司	收款人	全　　称	上海康华百货有限公司
	账　　号	41864409937929		账　　号	41450760236770
	开户银行	中国银行无锡梁溪支行		开户银行	中国建设银行上海市徐汇区支行

金额	人民币（大写）	贰拾叁万元整	亿	千	百	十	万	千	百	十	元	角	分
					¥	2	3	0	0	0	0	0	0

中国银行无锡梁溪支行 2023.03.08 转讫 银行盖章	支付密码	
	电汇时需选择：普通☑ 加急□	附加信息及用途：采购原材料棉布

第三联 此联付款行给付款人的回单

会计主管： 授权： 复核： 记账：

（二）会计分录（业务15）

摘要	会计分录			
	总账科目	明细科目	借方金额	贷方金额

四、财税平台操作流程

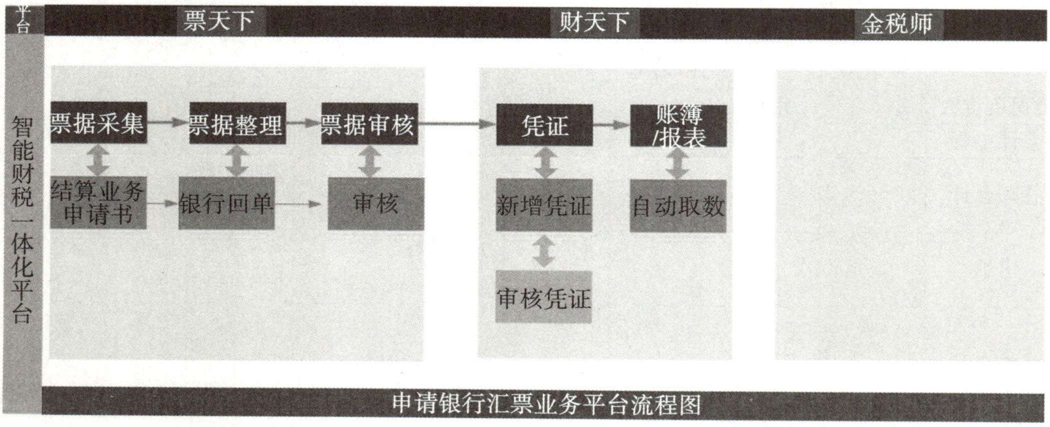

申请银行汇票业务平台流程图

五、实训注意事项

1. 银行汇票是由出票银行签发，由其在见票时按照实际结算金额无条件支付给收款人或者持票人的票据。

2. 购货企业签发银行汇票及持银行汇票购货时均通过“其他货币资金”科目进行核算，而销货企业收到银行汇票，填制进账单，到开户银行办理款项入账手续时，根据进账单收账通知联，借记“银行存款”科目，而不是“其他货币资金”科目。

技能点3　银行承兑汇票贴现

一、业务描述

2023年3月9日，闽潇服饰公司经董事会决议打算与胜利服装公司建立联营关系，向胜利服装公司投资一批生产设备，闽潇服饰公司不打算动用目前账户资金，故决定将2023年5月30日到期的银行承兑汇票进行贴现。

闽潇服饰公司出纳到银行填写贴现凭证，申请将上海科泰环保有限公司的票面金额为2 327 800元、出票日期为2022年11月30日、2023年5月30日到期的银行承兑汇票进行贴现，月贴现率为6‰（异地结算期3天）。

二、业务流程

银行承兑汇票贴现业务流程

职位＼流程	流程1	流程2	流程3	流程4	流程5	流程6	流程7
银行部门		审核贴现凭证和银行承兑汇票，填写贴现率、贴现利息、贴现金额					
公司负责人							
会计主管				审核		审核	
总账会计					编制记账凭证		
出纳	填写贴现凭证，去银行办理贴现业务		根据银行提供的贴现凭证收账通知，登记应收票据备查簿				登记日记账
成本会计							登记相关明细账

三、实训资料

（一）银行承兑汇票

中国农业银行　银行承兑汇票　　2　　10303150　08457231

出票日期（大写）　贰零贰贰 年 拾壹月 零叁拾 日

出票人全称	上海科泰环保有限公司	收款人	全　称	无锡闽潇服饰有限公司	
出票人账号	6228455193739852		账　号	41864409937929	
付款行全称	中国农业银行上海市分行		开户银行	中国银行无锡梁溪支行	
金额	人民币（大写）贰佰叁拾贰万柒仟捌佰元整		亿 千 百 十 万 千 百 十 元 角 分	¥ 2 3 2 7 8 0 0 0 0	
汇票到期日（大写）	贰零贰叁年零伍月零叁拾日	付款行	行号	102100020655	
承兑协议编号	20220013		地址	上海市徐汇区中山路9号	
本汇票请你行承兑，到期无条件付款。 上海科泰环保有限公司 财务专用章　张三印　丽张 出票人盖章		本汇票已经承兑，到期日由本行付款。 中国农业银行股份有限公司 汇票专用章 6228455193739852 承兑行签章 承兑日期　2022年12月02日 备注：		密押 复核　记账	

此联收款人开户行随托收凭证寄付款行作借方凭证附件

（二）贴现凭证

中国银行　贴现凭证（收账通知）　　4

申请日期　2023年03月09日　　第　号

贴现汇票	种　类	银行承兑汇票	号码 10300050	持票人	名　称	无锡闽潇服饰有限公司
	出票日	2022年 11月 30日			账　号	41864409937929
	到期日	2023年 05月 30日			开户银行	中国银行无锡梁溪支行
汇票承兑人	名称	中国农业银行上海市分行	账号 102100020655		开户银行	中国农业银行上海市分行
汇票金额	人民币（大写）	贰佰叁拾贰万柒仟捌佰元整			千 百 十 万 千 百 十 元 角 分	¥ 2 3 2 7 8 0 0 0 0
贴现率每月	6‰	贴现利息	千 百 十 万 千 百 十 元 角 分 ¥ 3 9 5 7 2 6 0		实付贴现金额	千 百 十 万 千 百 十 元 角 分 ¥ 2 2 8 8 2 2 7 4 0
上述款项已入你单位账户。 银行盖章 2023年 03月 09日 中国银行无锡梁溪支行 2023.03.09 转讫				备注：		

此联银行交给贴现申请人的收账通知

（三）会计分录（业务16）

摘要	会计分录			
	总账科目	明细科目	借方金额	贷方金额

四、财税平台操作流程

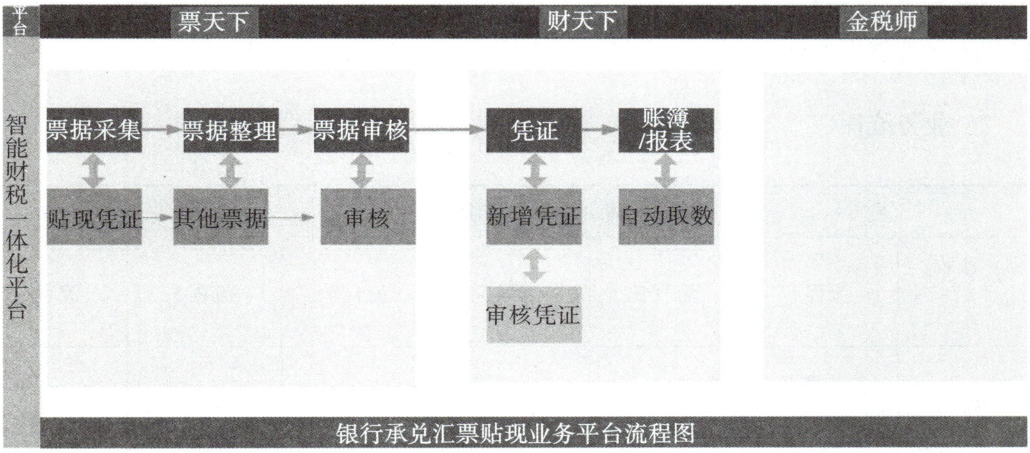

银行承兑汇票贴现业务平台流程图

五、实训注意事项

1. 企业收到的银行承兑汇票，如在票据未到期前需要提前取得资金，可以持未到期的银行承兑汇票申请贴现。

2. 票据贴现期就是从贴现的那一天至票据到期日之间的天数。在计算时要遵循“算头不算尾”或者“算尾不算头”的原则。头是开始的那一天，尾是结束的那一天。

3. 贴现天数的计算是关键点，天数等于每个月的实际天数，有的月份有31天时按31天计算，异地结算要加3天，本题属于异地结算，计算过程如下：

贴现期为3月9日至5月30日，共__天，另加3天异地结算天数共__天。

贴现期=______________________（天）

贴现息=______________________（元）

任务五　固定资产等相关业务

技能点1　闲置办公楼出租

一、业务描述

2023年3月13日，闽潇服饰公司召开董事会，将闲置2号办公楼转为出租，已知该办公楼的公允价值为2 440 000元，原值为2 500 000元，已提折旧100 000元。

二、业务流程

闲置办公楼出租业务流程						
流程 职位	流程1	流程2	流程3	流程4	流程5	流程6
业务部门	提出租出申请					
公司负责人		董事会审批				
会计主管				审核		
总账会计					编制记账凭证	
出纳						
成本会计			填写固定资产折旧明细表			登记成本费用明细账

三、实训资料

（一）董事会决议

董事会决议

根据公司章程的有关规定，本公司于2023年3月13日召开了董事会会议，应到董事2名，实到董事2名，符合法定要求。会议由罗兴主持，经协商表决一致通过如下决议：

将闲置的2号办公楼转为出租，该办公楼的公允价值为2 440 000元（原值2 500 000元，已提折旧100 000元）。

无锡闽潇服饰有限公司（盖章）

2023年03月13日

（二）固定资产折旧明细表

固定资产折旧明细表

2023年03月13日

类别	部门	账户名称	原值	使用年限	残值率	净残值	年折旧率	年折旧额	月折旧额
房屋建筑物	办公室	2号办公楼	2 500 000.00	20	4%	100 000.00	4.8%	120 000.00	10 000.00
合计	—	—	2 500 000.00	—	—	100 000.00	—	120 000.00	10 000.00

（三）会计分录（业务17）

摘要	会计分录			
	总账科目	明细科目	借方金额	贷方金额

四、财税平台操作流程

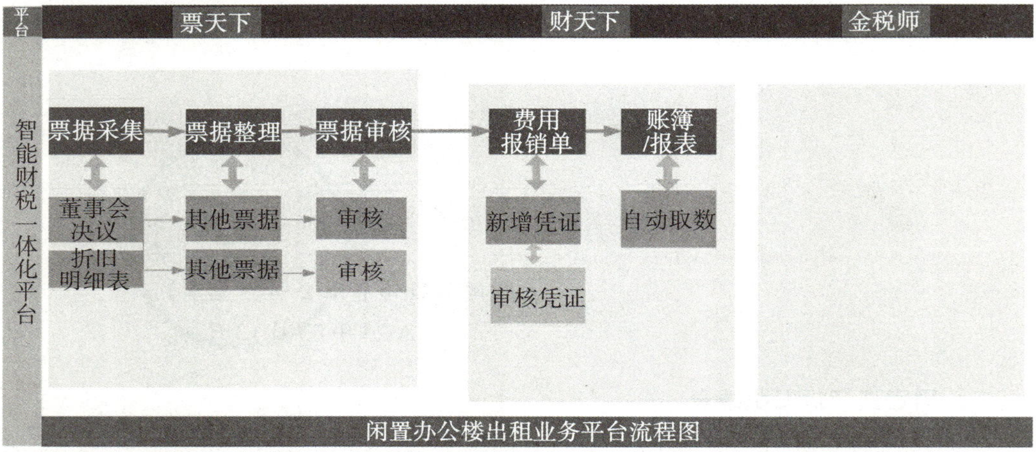

五、实训注意事项

1. 固定资产转为公允价值模式计量的投资性房地产，转换日公允价值大于账面价值的差额计入其他综合收益，是基于谨慎性要求，防止企业通过改变计量模式的方式操纵利润。

2. 非投资性房地产按照历史成本属性进行计量，不存在公允价值变动问题，而将非投资性房地产转为投资性房地产并按照公允价值计量，评估之后的投资性房地产账面价值可能会高于原来的非投资性房地产账面价值，如果将这部分差额计入公允价值变动损益，可能会导致利润虚增，而将其计入其他综合收益，影响的是所有者权益，不影响本期利润，以后投资真正实现时才计入利润比较合适。

3. 基于谨慎性的考虑，企业不得高估资产和收益，一般情况下企业不会刻意低估利润，所以公允价值小于原账面价值的差额可以直接计入公允价值变动损益，影响当期利润。

【学思践悟】某制造企业积极响应国家关于优化资源配置、推动高质量发展的号召，通过出租闲置固定资产，实现了资源的有效利用和企业的额外收益。

该企业拥有一批闲置的生产设备，长期未得到充分利用。企业会计团队在深入分析市场需求和企业实际情况后，提出了将这部分设备出租的方案。通过精心策划和广泛宣传，企业成功吸引了一批有需求的租户，并与他们签订了租赁合同。

在出租过程中，企业会计团队严格按照合同规定，确保租金收入的及时、准确入账。同时，他们还积极与租户沟通，了解设备使用情况，及时解决可能出现的问题，确保出租业务的顺利进行。

通过出租固定资产，企业不仅获得了稳定的租金收入，还缓解了资金压力，为企业的可持续发展提供了有力支持。此外，这一举措还有效盘活了闲置资源，提高了资源利用效率，符合国家关于优化资源配置的政策导向。

这一案例充分展示了企业会计在固定资产出租业务中的专业素养和创新能力，也体现了企业积极贯彻落实党的二十大精神、推动高质量发展的实际行动。同时，该案例也为我们学习企业会计和固定资产出租业务提供了生动的思政教育资源，引导我们树立正确的资源观和发展观。

技能点2　接受固定资产捐赠

一、业务描述

2023年3月14日，闽潇服饰公司与北京祥尔电子有限公司签订捐赠协议，接受对方捐赠的4台HP电脑，已经办理入库，同日对方开具了增值税专用发票。

二、业务流程

接受固定资产捐赠业务流程								
流程 职位	流程1	流程2	流程3	流程4	流程5	流程6	流程7	流程8
业务部门	签订接受捐赠协议		接受捐赠	物资入库				
公司负责人		批准						
会计主管					审核		审核	
总账会计						编制记账凭证		
出纳								
成本会计								登记营业外收入等明细账

三、实训资料

（一）增值税专用发票

1100151140 **北京增值税专用发票** №91643477

国家税务总局 发票联

机器编号：982888812388 开票日期：2023年03月14日

购买方	名称：无锡闽潇服饰有限公司 纳税人识别号：913501046307045023 地址、电话：江苏省无锡市梁溪区首秀路3号0510-90102394 开户行及账号：中国银行无锡梁溪支行41864409937929				密码区	172312-4-275<1+46*54*82*59* 181321><8182*59*09618153</ <4<3*2702-9>9*+153</0;>2-3 *08/4>*>>2--3*0/9/>>25--275<1		
货物或应税劳务、服务名称	规格型号	单位	数量	单价	金额	税率	税额	
*电子产品*电脑			4	5 000.00	20 000.00	13%	2 600.00	
合计					¥20 000.00		¥2 600.00	
价税合计（大写）	⊗贰万贰仟陆佰元整				（小写）¥22 600.00			
销售方	名称：北京祥尔电子有限公司 纳税人识别号：911025591164185 地址、电话：北京市西城区邢建街霍素路2号010-62739201 开户行及账号：中国建设银行北京西城区支行41413164864963				备注	校验码 52118 02817 08248 65199		

北京祥尔电子有限公司 911025591164185 发票专用章

收款人： 复核： 开票人： 销售方（章）

第三联 发票联 购买方记账凭证

（二）固定资产验收单

固定资产验收单

2023年03月14日 编号：

名称	规格型号		来源	数量	购（造）价	使用年限	预计残值
HP电脑			接受捐赠	4	20 000.00	3	800.00
安装费	月折旧率		建造单位		交工日期	附件	
	0.026667				2023年03月14日		
验收部门	办公室	验收人员	林文	管理部门	销售门市部	管理人员	薛东
备注	投入销售门市部使用						

审核：陈立 制单：林华

（三）会计分录（业务18）

摘要	会计分录			
	总账科目	明细科目	借方金额	贷方金额

四、财税平台操作流程

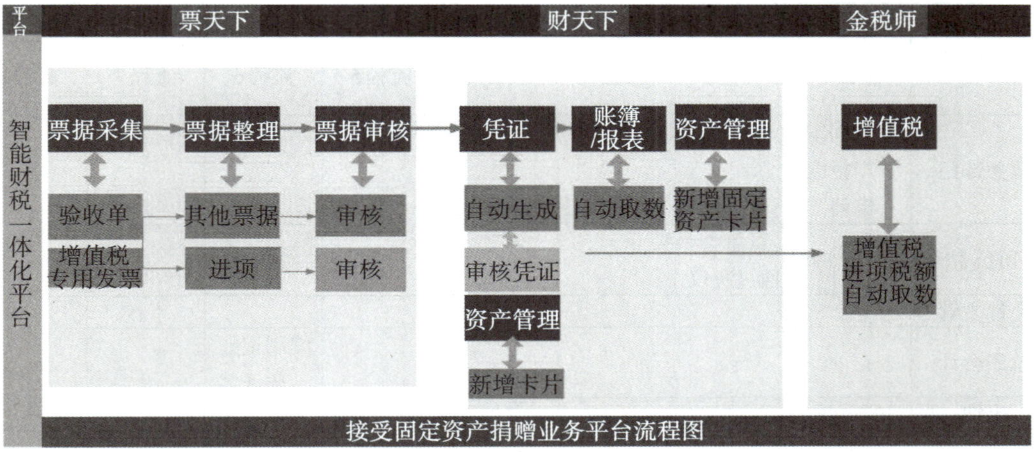

五、实训注意事项

1. 接受捐赠收入不属于营业收入，而属于营业外收入。营业外收入是指与企业生产经营活动没有直接关系的各项利得。其包括非流动资产毁损报废利得、与企业日常活动无关的政府补助、盘盈利得、捐赠利得等。

2. 营业外收入并不是由企业经营资金耗费所产生的，不需要企业付出代价，实际上是一种纯收入，不需要与有关费用进行配比。

3. 除企业营业执照中规定的主营业务以及附属的其他业务之外的所有收入，都要计入营业外收入。因此在会计核算上，应当严格区分营业外收入与营业收入的界限。

4. 捐赠利得记入“营业外收入”科目。同理，捐赠支出记入“营业外支出”科目。

技能点3　固定资产报废

一、业务描述

2023年3月15日，经董事会决定，闽潇服饰公司由于生产设备锁边机使用不当，造成一台锁边机提前报废，现将原值40 000元的生产设备——锁边机进行报废处理，该锁边机截至2023年3月15日已经计提折旧3 200元。

二、业务流程

固定资产报废业务流程								
流程 职位	流程1	流程2	流程3	流程4	流程5	流程6	流程7	流程8
业务部门	填制固定资产报废申请							
公司负责人		董事会通过决议						
会计主管				审核			审核	
总账会计						编制记账凭证		
出纳								
成本会计			填写固定资产折旧明细表		更新固定资产卡片			登记相关明细账

三、实训资料

（一）董事会决议

董事会决议

公司于2022年5月购入的生产设备锁边机一台，价值40 000元（人民币肆万元整），截至2023年3月15日已提折旧3 200元。

该设备在生产过程中发生故障经确认无维修价值。经董事会商议决定，将该台设备进行报废处理。

无锡闽潇服饰有限公司（盖章）

2023年03月15日

（二）固定资产折旧明细表

固定资产折旧明细表

2023年03月15日

类别	部门	账户名称	原值	使用年限	残值率	净残值	年折旧率	年折旧额	月折旧额
生产设备	生产车间	生产设备-锁边机	40 000.00	10	4%	1 600.00	9.6%	3 840.00	320.00
合计	—	—	40 000.00	—	—	1 600.00	—	3 840.00	320.00

（三）会计分录（业务19）

摘要	会计分录			
	总账科目	明细科目	借方金额	贷方金额

四、财税平台操作流程

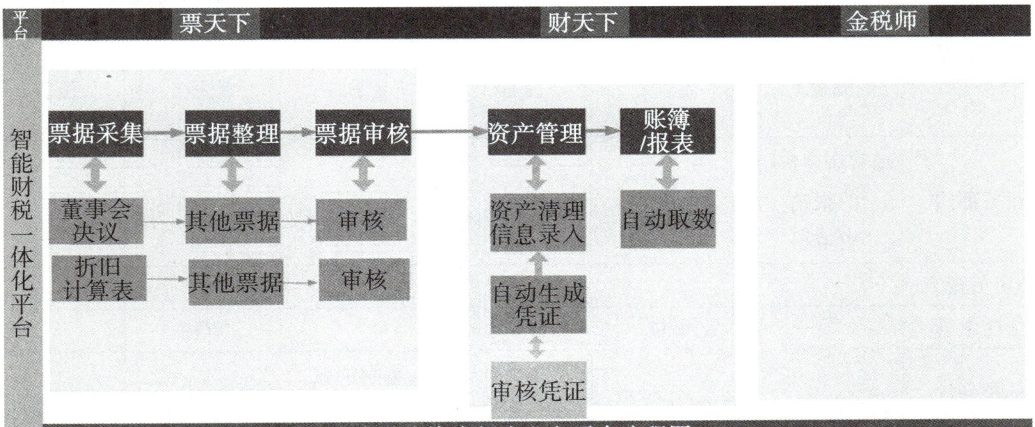

固定资产报废业务平台流程图

五、实训注意事项

1. 固定资产处置包括出售、转让、报废、损毁、对外投资、非货币性资产交换、债务重组等。

2. 固定资产处置应当设置“固定资产清理”账户进行核算。转入清理时，按固定资产账面价值，借记“固定资产清理”科目，按已计提的累计折旧，借记“累计折旧”科目，按已计提的减值准备，借记“固定资产减值准备”科目，按固定资产账面余额，贷记“固定资产”科目。

3. 固定资产处置的第一个环节是将固定资产清理时的账面价值转入“固定资产清理”，会计分录如下：

借：固定资产清理

累计折旧

固定资产减值准备

贷：固定资产

技能点 4 支付报废固定资产清理费用

一、业务描述

2023 年 3 月 15 日，闽潇服饰公司报废固定资产，用库存现金支付清理费用 1 060 元，取得增值税专用发票，完成报销业务核算。

二、业务流程

支付报废固定资产清理费用业务流程						
职位 \ 流程	流程 1	流程 2	流程 3	流程 4	流程 5	流程 6
业务部门	填写清理费用的报销申请单					
公司负责人						
会计主管		审核			审核	
总账会计				编制记账凭证		
出纳			办理报销手续			登记日记账
成本会计						登记相关明细账

三、实训资料

（一）费用报销单

费用报销单

现金付讫

报销部门：销售门市部　　2023年03月15日　　单据及附件共 1 页

用　　途	金额（元）	备注			
锁边机清理费用	1 060.00				
		部门审核		领导审核	罗兴
合　　计	¥1 060.00				
金额大写：零拾零万壹仟零佰陆拾零元零角零分		原借款：¥0.00元		应退余款：¥0.00元	

会计主管　陈立　　会计　林华　　出纳　卢婷裁　　报销人　薛东　　领款人　薛东

（二）增值税专用发票

1100151140　　**北京增值税专用发票**　　№75419840

发票联

（印章：全国统一发票监制章　国家税务总局　北京市税务局）

开票日期：2023年03月15日

购买方	名　　称：无锡闽潇服饰有限公司 纳税人识别号：913501046307045023 地 址、电 话：江苏省无锡市梁溪区首秀路3号0510-90102394 开户行及账号：中国银行无锡梁溪支行41864409937929	密码区	172312- 4- 275 < 1+46*54* 82*59* 181321> < 8182*59*09618153 < / < 4< 3*2702- 9> 9*+153</0 ; > 2-3 *08/4> *> > 2- -3*0/9/>> 25- -275 < 1

货物或应税劳务、服务名称	规格型号	单位	数　量	单　价	金　额	税率	税　额
*生活服务*清理费			1	1 000.00	1 000.00	6%	60.00
合　计					¥1 000.00		¥60.00
价税合计（大写）	⊗壹仟零陆拾元整				（小写）¥1 060.00		

销售方	名　　称：北京雨佳劳务有限公司 纳税人识别号：91110101183255778 地 址、电 话：北京市东城区建兴路125号010-14483066 开户行及账号：中国工商银行北京东城支行0200002356400254344	备注	校验码52118 02817 08248 65166 （印章：北京雨佳劳务有限公司　91110101183255778　发票专用章）

收款人：李　丽　　复核：田　勇　　开票人：李代丽　　销售方（章）

第三联　发票联　购买方记账凭证

（三）付款申请书

付款申请单

申请日期：2023年03月15日

申请部门	销售门市部	申请人	薛东
申请事由	支付锁边机清理费用		
收款单位	北京雨佳劳务有限公司	收款人	李丽
申请付款金额	¥1 060.00		
付款方式	☑现 ☐转 ☐其他	大写：壹仟零陆拾元整	
备注			

主管领导：罗兴　　财务负责人：陈立　　部门负责人：李梁

（四）会计分录（业务20）

摘要	会计分录			
	总账科目	明细科目	借方金额	贷方金额

四、财税平台操作流程

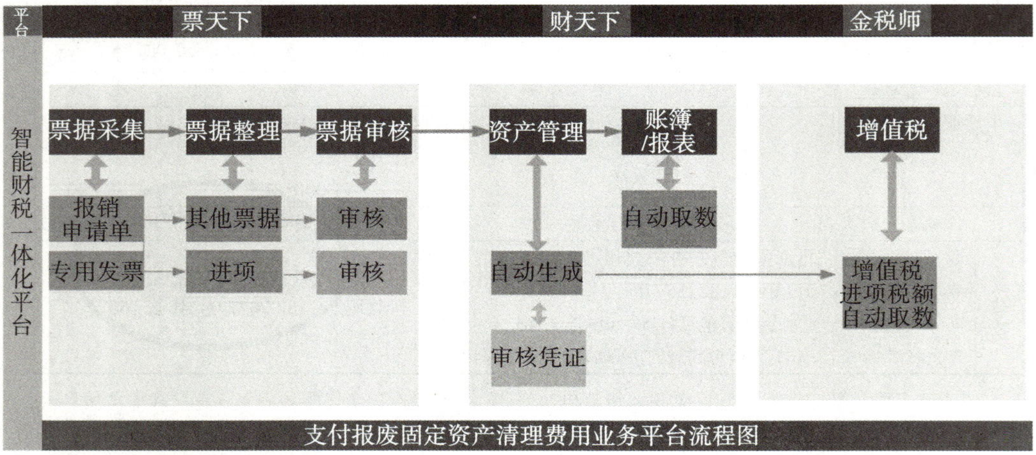

支付报废固定资产清理费用业务平台流程图

五、实训注意事项

1.出售或报废固定资产的第一个环节是固定资产转入清理，会计分录是：

借：固定资产清理
　　累计折旧
　　固定资产减值准备
　贷：固定资产

2. 出售或报废固定资产的第二个环节是支付清理费用，会计分录是：

借：固定资产清理
　　应交税费——应交增值税（进项税额）
　贷：银行存款

3. 出售或报废固定资产的第三个环节是出售收入、残料和保险赔偿的处理，会计分录是：

借：其他应收款、银行存款或原材料
　贷：固定资产清理
　　应交税费——应交增值税（销项税额）

4. 出售或报废固定资产的第四个环节是清理净损益的结转，会计分录是：

借：固定资产清理
　贷：资产处置损益——处置非流动资产利得/营业外收入

或：

借：资产处置损益——处置非流动资产损失/营业外支出
　贷：固定资产清理

技能点5　销售报废固定资产并结转清理净损益

一、业务描述

2023年3月15日，闽潇服饰公司销售报废固定资产并结转清理净损益。

二、业务流程

销售报废固定资产并结转清理净损益业务流程							
流程 / 职位	流程1	流程2	流程3	流程4	流程5	流程6	流程7
业务部门	销售报废固定资产	填写开具发票申请书					
公司负责人							

续表

销售报废固定资产并结转清理净损益业务流程							
职位 \ 流程	流程1	流程2	流程3	流程4	流程5	流程6	流程7
会计主管						审核	
总账会计					编制记账凭证		
出纳				取得银行收账通知单			登记日记账
成本会计			开发票				登记相关明细账

三、实训资料

（一）增值税专用发票

3200221140　　**江苏增值税专用发票**　　№47867593

国家税务总局

此联不作报销、扣税凭证使用　　开票日期：2023年03月15日

购买方	名称：无锡思明机械有限公司 纳税人识别号：91320206M699558951 地址、电话：无锡惠山区略泓路903号0510-27639315 开户行及账号：工行无锡惠山区聚帅路支行5806352288257294904	密码区	172312- 4- 275 < 1+46*54* 82*59* 181321> < 8182*59*09618153 < / < 4< 3*2702- 9> 9*+153</0 ; > 2-3 *08/4> *> > 2- -3*0/9/>> 25- -275 < 1

货物或应税劳务、服务名称	规格型号	单位	数量	单价	金额	税率	税额
*服装加工设备*锁边机		台	1	6 000.00	6 000.00	13%	780.00
合计					¥6 000.00		¥780.00
价税合计（大写）	⊗陆仟柒佰捌拾元整					（小写）	¥6 780.00

销售方	名称：无锡闽潇服饰有限公司 纳税人识别号：913501046307045023 地址、电话：江苏省无锡市梁溪区首秀路3号0510-90102394 开户行及账号：中国银行无锡梁溪支行41864409937929	备注	校验码13118 02817 06824 65199

无锡闽潇服饰有限公司 913501046307045023 发票专用章

收款人：薛东　　复核：林　华　　开票人：卢婷裁　　销售方（章）

第一联 记账联 销售方记账凭证

（二）银行回单

中国银行

业务回单（收款）

日期：2023年03月15日　　回单编号：94289837725

付款人户名：无锡思明机械有限公司　　付款人开户行：工行无锡惠山区聚帅路支行

付款人账号（卡号）：5806352288257294904

收款人户名：无锡闽潇服饰有限公司　　收款人开户行：中国银行无锡梁溪支行

收款人账号（卡号）：41864409937929

金额：陆仟柒佰捌拾元整　　小写：¥6 780.00元

业务（产品）种类：　　凭证种类：3650901831　　凭证号码：21644034136729902

摘要：　　用途：　　币种：人民币

交易机构：6397421582　　记账柜员：58918　　交易代码：90348　　渠道：41864409937929

中国银行无锡梁溪支行 电子回单专用章

本回单为第1次打印，注意重复 打印日期：2023年03月15日 打印柜员：8 验证码：276027197453

（三）会计分录（业务21）

摘要	会计分录			
	总账科目	明细科目	借方金额	贷方金额

摘要	会计分录			
	总账科目	明细科目	借方金额	贷方金额

四、财税平台操作流程

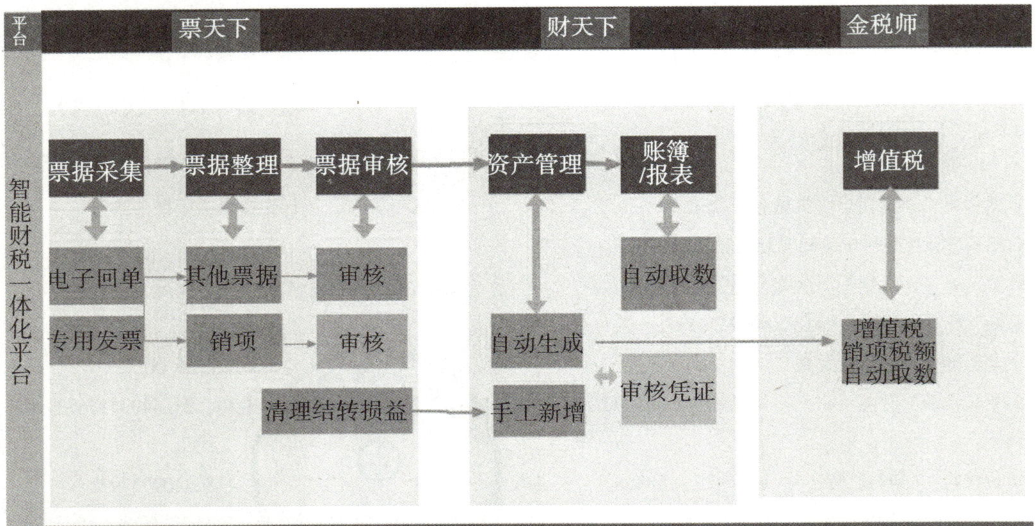

销售报废固定资产并结转清理净损益业务平台流程图

五、实训注意事项

1. 本业务是报废固定资产，不是正常出售、转让固定资产，因此在结转净损益时与正常出售、转让固定资产不同。出售、转让净损益计入资产处置损益；报废、毁损净损益计入营业外收支。

2. 固定资产清理完成后的净损失，分录如下：

借：营业外支出【报废、毁损造成的净损失】

　　资产处置损益【出售净损失】

　贷：固定资产清理

3. 固定资产清理完成后的净收益，分录如下：

借：固定资产清理

　贷：营业外收入【报废、毁损的净收益】

　　　资产处置损益【出售净收益】

任务六　采购与付款业务

技能点1　用银行汇票购入材料

一、业务描述

2023年3月8日，闽潇服饰公司与上海康华百货有限公司（简称“康华公司”）签订棉布采购合同，合同约定采购棉布6 665米，单价30元/米，合计金额199 950元，税率13%，价税合计225 943.5元，采用银行汇票支付。康华公司负责送货上门。3月16日，康华公司业务人员送货上门，闽潇服饰公司将棉布验收入库，并交给康华公司业务人员于3月8日签发的银行汇票，当天康华公司业务人员到银行兑现，银行将款项划拨给康华公司。

二、业务流程

单货同到并付款的存货采购业务流程

职位＼流程	流程1	流程2	流程3	流程4	流程5	流程6	流程7	流程8	流程9	流程10
业务部门	采购申请		确定供应商采购	验收入库						
公司负责人		批准								
会计主管					审核		审核		审核	
总账会计								填制记账凭证		
出纳						办理货款结算				登记日记账
成本会计										登记存货等明细账

三、实训资料

（一）购销合同

购销合同

合同编号：55294548

购货单位（甲方）：无锡闽潇服饰有限公司

供货单位（乙方）：上海康华百货有限公司

根据《中华人民共和国民法典》及国家相关法律、法规之规定，甲乙双方本着平等互利的原则，就甲方购买乙方货物一事达成以下协议。

一、货物的名称、数量及价格：

货物名称	规格型号	单位	数量	单价	金额	税率	价税合计
棉布		米	6 665	30.00	199 950.00	13%	225 943.50
合计（大写）贰拾贰万伍仟玖佰肆拾叁元伍角整							¥225 943.50

二、交货方式和费用承担：交货方式为供货方送货，交货时间为2023年03月16日前，交货地点为江苏省无锡市梁溪区首秀路3号，运费由供货方承担。

三、付款时间与付款方式：交货后二日内，银行汇票付款。

四、质量异议期：订货方对供货方的货物质量有异议时，应在收到货物后7日内提出，逾期视为质量合格。

五、未尽事宜经双方协商可作补充协议，与本合同具有同等效力。

六、本合同自双方签字、盖章之日起生效，本合同一式两份，甲乙双方各执一份。

甲方（签章）：无锡闽潇服饰有限公司

授权代表：罗兴

地　　址：江苏省无锡市梁溪区首秀路3号

电　　话：0510-90102394

日　　期：2023年03月08日

乙方（签章）：上海康华百货有限公司

授权代表：朱少军

地　　址：上海市福妙路852号

电　　话：021-12647499

日　　期：2023年03月08日

（二）付款申请单

付款申请单

申请日期：2023年03月16日

申请部门	采购部	申请人	陈勇
申请事由	支付棉布货款		
收款单位	上海康华百货有限公司	收款人	朱少君
申请付款金额	¥225 943.50		
付款方式	☐现　☐转　☑其他	大写：贰拾贰万伍仟玖佰肆拾叁元伍角整	
备注			

主管领导：罗兴　　财务负责人：陈立　　部门负责人：李鑫

（三）增值税专用发票

3100221140　　**上海增值税专用发票**　　№23442628

发票联

开票日期：2023年03月16日

购买方	名　　称：无锡闽潇服饰有限公司 纳税人识别号：913501046307045023 地 址、电 话：江苏省无锡市梁溪区首秀路3号0510-90102394 开户行及账号：中国银行无锡梁溪支行41864409937929			密码区	172312- 4- 275 < 1+46*54* 82*59* 181321> < 8182*59*09618153 < / < 4< 3*2702- 9> 9*+153</0 ; > 2-3 *08/4> *> > 2- -3*0/9/>> 25- -275 < 1		
货物或应税劳务、服务名称	规格型号	单位	数　量	单　价	金　额	税率	税　额
*布*棉布		米	6 665	30.00	199 950.00	13%	25 993.50
合　计					¥199 950.00		¥25 993.50
价税合计（大写）	⊗贰拾贰万伍仟玖佰肆拾叁元伍角整				（小写）¥225 943.50		
销售方	名　　称：上海康华百货有限公司 纳税人识别号：91310104M703468045 地 址、电 话：上海市福妙路852号021-12647499 开户行及账号：工行上海市乐诚路支行4307260602632204818			备注	校验码52118 02817 08248 65167		

收款人：高小丽　　复核：马　玉　　开票人：吴　姣　　销售方（章）

第三联 发票联 购买方记账凭证

（四）材料入库单

材料入库单

发票号码：23442628　　金额单位：元

供应单位：上海康华百货有限公司　　收料单编号：0301

材料类别：　　2023年03月16日　　收料仓库：1号

编号	名称	规格	单位	数量		实际成本				
				应收	实收	买价		运杂费	合计	单位成本
						单价	金额			
01	棉布		米	6 665	6 665	30.00	199 950.00	0.00	199 950.00	30.0000
合　计				6 665	6 665		¥199 950.00	¥0.00	¥199 950.00	¥30.0000
备　注										

（五）银行汇票

中国银行

银行汇票（解讫通知） 3

10400040
40451513

出票日期（大写）：贰零贰叁年零叁月零捌日　　代理付款行：工行上海市乐诚路支行　行号：104332501201

收款人：上海康华百货有限公司

出票金额　人民币（大写）：贰拾叁万元整

实际结算金额　人民币（大写）：贰拾贰万伍仟玖佰肆拾叁元伍角整

亿	千	百	十	万	千	百	十	元	角	分
		¥	2	2	5	9	4	3	5	0

申请人：无锡阖潇服饰有限公司　　账号或地址：41864409937929

出票行：中国银行无锡梁溪支行　行号：104391011304

备　注：104391011304

代理付款行签章

复核　　记账

密押：

多余金额

百	十	万	千	百	十	元	角	分
		¥	4	0	5	6	5	0

提示付款期限自出票之日起一个月

此联代理付款行兑付后随报单寄出票行　由出票行作多余款贷方凭证

中国银行股份有限公司 汇票专用章

（六）会计分录（业务22）

摘要	会计分录			
	总账科目	明细科目	借方金额	贷方金额

四、财税平台操作流程

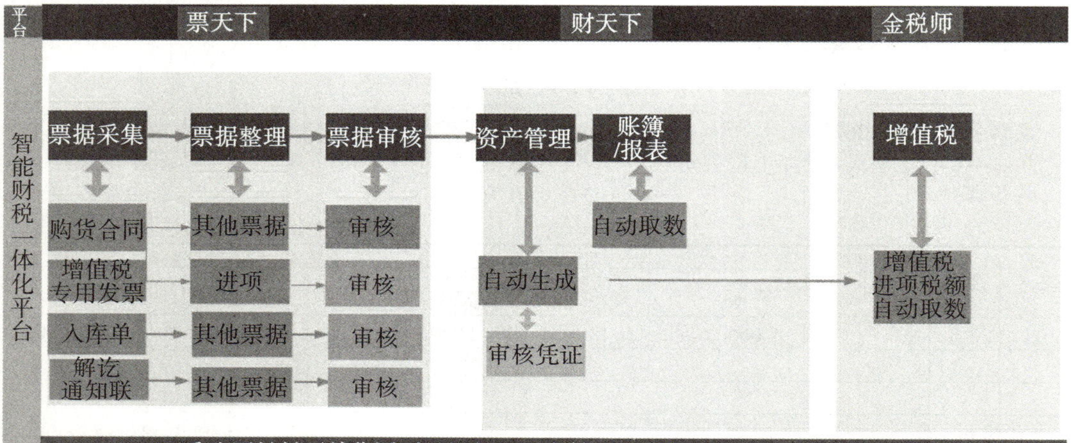

采购原材料（单货同到，银行汇票支付，多余款已退回）业务平台流程图

五、实训注意事项

1. 采购的过程中切记要心细，注意细节，比如合同中公司名称、时间、金额等，沟通要及时，信息更新一定要及时、全面。

2. 本企业原材料采用实际成本计价法进行日常核算。

技能点2 银行汇票多余款退回

一、业务描述

2023年3月17日，闽潇服饰公司出纳接到银行通知，向康华公司采购原材料棉布时采用的银行汇票结算完毕，银行汇票金额为230 000元，实际结算金额为225 943.5元，银行退回汇票未支付的剩余款项，已划到企业账户。

二、业务流程

银行汇票多余款退回业务流程

职位＼流程	流程1	流程2	流程3	流程4	流程5
业务部门					
公司负责人					
会计主管		审核		审核	
总账会计			填制记账凭证		
出纳	取得银行收账通知单				登记日记账
成本会计					登记其他货币资金明细账

三、实训资料

（一）银行汇票多余款收账通知

中国银行

银行汇票（多余款收账通知）　4

10400040
40451513

出票日期（大写）：贰零贰叁年零叁月零捌日　　代理付款行：中国银行无锡梁溪支行　行号：104391011304

提示付款期限自出票之日起一个月

收款人：上海康华百货有限公司

出票金额　人民币（大写）：贰拾叁万元整

实际结算金额　人民币（大写）：贰拾贰万伍仟玖佰肆拾叁元伍角整

亿	千	百	十	万	千	百	十	元	角	分
		¥	2	2	5	9	4	3	5	0

申请人：无锡润潇服饰有限公司　　账号或地址：41864409937929

出票行：中国银行无锡梁溪支行　行号：104391011304

备　注：

出票行签章

中国银行股份有限公司 汇票专用章 104391011304

密押：

多余金额

百	十	万	千	百	十	元	角	分
		¥	4	0	5	6	5	0

退回多余金额已收入你账户内。

复核：　　记账：

此联由出票行结清多余款后交申请人

（二）会计分录（业务23）

摘要	会计分录			
	总账科目	明细科目	借方金额	贷方金额

四、财税平台操作流程

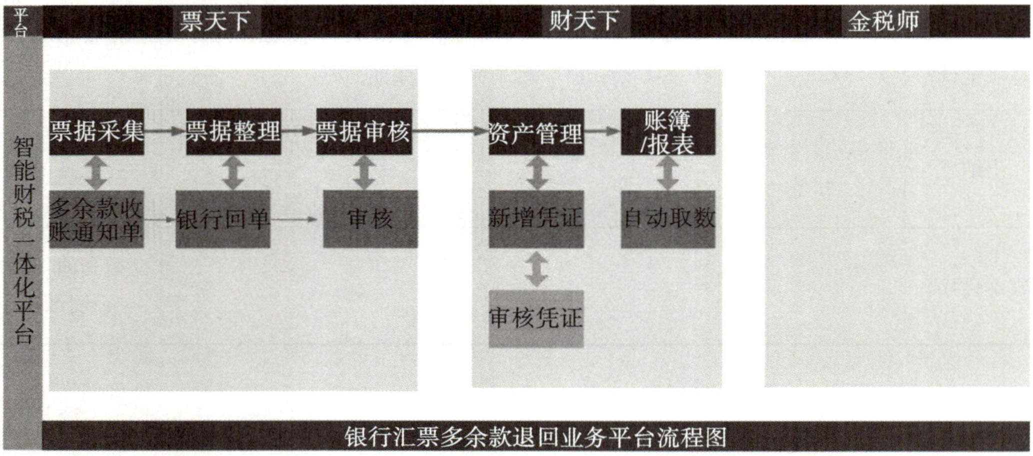

银行汇票多余款退回业务平台流程图

五、实训注意事项

银行汇票一式四联，第一联为卡片，由兑付行支付票款时作为付出传票；第二联为银行汇票，与第三联解讫通知一并由汇款人自带，在兑付行兑付汇票后此联作为银行往来账付出传票；第三联为解讫通知，在兑付行兑付后随报单寄签发行，由签发行作为余款收入传票；第四联是多余款通知，在签发行结清后交汇款人。

技能点3 赊购材料

一、业务描述

2023年3月17日，闽潇服饰公司3月11日向宁波布庄有限公司采购的聚酯纤维已经到货，数量为5 550米，单价为40元/米，金额为222 000.00元，增值税税率为13%，价税合计250 860.00元，取得的运费发票金额为2 220元，进项税额为199.80元，材料已验收入库，货款尚未支付，运费已由宁波布庄有限公司垫付。

二、业务流程

单货同到款未付的存货采购业务流程

流程 职位	流程1	流程2	流程3	流程4	流程5	流程6	流程7	流程8
业务部门	采购申请		确定供应商采购	验收入库				
公司负责人		批准						
会计主管					审核		审核	
总账会计						填制记账凭证		
出纳								登记日记账
成本会计								登记存货等明细账

三、实训资料

（一）购销合同

购销合同

合同编号：70257445

购货单位（甲方）：无锡闽潇服饰有限公司

供货单位（乙方）：宁波布庄有限公司

根据《中华人民共和国民法典》及国家相关法律、法规之规定，甲乙双方本着平等互利的原则，就甲方购买乙方货物一事达成以下协议。

一、货物的名称、数量及价格：

货物名称	规格型号	单位	数量	单价	金额	税率	价税合计
聚酯纤维		米	5 550	40.00	222 000.00	13%	250 860.00
合计（大写）：贰拾伍万零捌佰陆拾元整							¥250 860.00

二、交货方式和费用承担：交货方式为<u>供货方送货</u>，交货时间为<u>2023年03月17日</u>前，交货地点为<u>江苏省无锡市梁溪区首秀路3号</u>，运费由<u>供货方</u>承担。

三、付款时间与付款方式：<u>交货后次日内付款</u>。

四、质量异议期：订货方对供货方的货物质量有异议时，应在收到货物后<u>7日</u>内提出，逾期视为质量合格。

五、未尽事宜经双方协商可作补充协议，与本合同具有同等效力。

六、本合同自双方签字、盖章之日起生效，本合同一式两份，甲乙双方各执一份。

甲方（签章）：无锡闽潇服饰有限公司	乙方（签章）：宁波布庄有限公司
授权代表：罗兴	授权代表：杨秀
地　址：江苏省无锡市梁溪区首秀路3号	地　址：浙江省宁波市江东区隆伦路055号
电　话：0510-90102394	电　话：0574-79147879
日　期：2023年03月11日	日　期：2023年03月11日

（二）增值税专用发票

330151140　　浙江增值税专用发票　　№12926167

国家税务总局 发票联

开票日期：2023年03月17日

购买方	名　　称：无锡闽潇服饰有限公司 纳税人识别号：913501046307045023 地 址、电 话：江苏省无锡市梁溪区首秀路3号0510-90102394 开户行及账号：中国银行无锡梁溪支行41864409937929				密码区	172312- 4- 275 < 1+46*54* 82*59* 181321> < 8182*59*09618153 < / < 4< 3*2702- 9> 9*+153</0 ; > 2-3 *08/4> *> > 2- -3*0/9/>> 25- -275 < 1	
货物或应税劳务、服务名称	规格型号	单位	数　量	单　价	金　额	税率	税　额
*布*聚酯纤维		米	5 550	40.00	222 000.00	13%	28 860.00
合　计					¥222 000.00		¥28 860.00
价税合计（大写）	⊗贰拾伍万零捌佰陆拾元整					（小写）¥250 860.00	
销售方	名　　称：宁波布庄有限公司 纳税人识别号：91330204M378461730 地 址、电 话：浙江省宁波市江东区隆伦路055号0574-79147879 开户行及账号：工行宁波江东区翔日路支行7323095663923770878				备注	校验码62118 02817 08248 65199	

收款人：王京民　　复核：杨　英　　开票人：王浩宇　　销售方（章）

宁波布庄有限公司 发票专用章

第三联 发票联 购买方记账凭证

330151140　　浙江增值税专用发票　　№41528292

国家税务总局 发票联

开票日期：2023年03月17日

购买方	名　　称：无锡闽潇服饰有限公司 纳税人识别号：913501046307045023 地 址、电 话：江苏省无锡市梁溪区首秀路3号0510-90102394 开户行及账号：中国银行无锡梁溪支行41864409937929				密码区	172312- 4- 275 < 1+46*54* 82*59* 181321> < 8182*59*09618154 < / < 4< 3*2702- 9> 9*+153</0 ; > 2-3 *08/4> *> > 2- -3*0/9/>> 25- -275 < 2	
货物或应税劳务、服务名称	规格型号	单位	数　量	单　价	金　额	税率	税　额
*运输服务*货物运输		次	1	2 220.00	2 220.00	9%	199.80
合　计					¥2 220.00		¥199.80
价税合计（大写）	⊗贰仟肆佰壹拾玖元捌角整					（小写）¥2 419.80	
销售方	名　　称：宁波菲同国际货运代理有限公司 纳税人识别号：91330205M343645675 地 址、电 话：浙江省宁波市江北区翔日路030号0574-7665253 开户行及账号：工行宁波江北区成玛路支行7075734000230534280				备注	校验码54118 02817 08248 65199	

收款人：孟　时　　复核：高　挺　　开票人：罗　文　　销售方（章）

宁波菲同国际货运代理有限公司 发票专用章

第三联 发票联 购买方记账凭证

（三）材料入库单

材料入库单

发票号码：23442628　　　　金额单位：元

供应单位：宁波布庄有限公司　　　　收料单编号：0302

材料类别：原材料　　　2023年03月17日　　　收料仓库：1号

编号	名称	规格	单位	数量		实际成本				
				应收	实收	买价		运杂费	合计	单位成本
						单价	金额			
1	聚酯纤维		米	5 550	5 550	40.00	222 000.00	2 220.00	224 220.00	40.4000
合　计				6 665	6 665		¥222 000.00	¥2 220.00	¥224 220.00	¥40.4000
备　注										

采购员：陈　勇　　　检验员：薛　飞　　　记账员：林　华　　　保管员：薛　飞

（四）会计分录（业务24）

摘要	会计分录			
	总账科目	明细科目	借方金额	贷方金额

四、财税平台操作流程

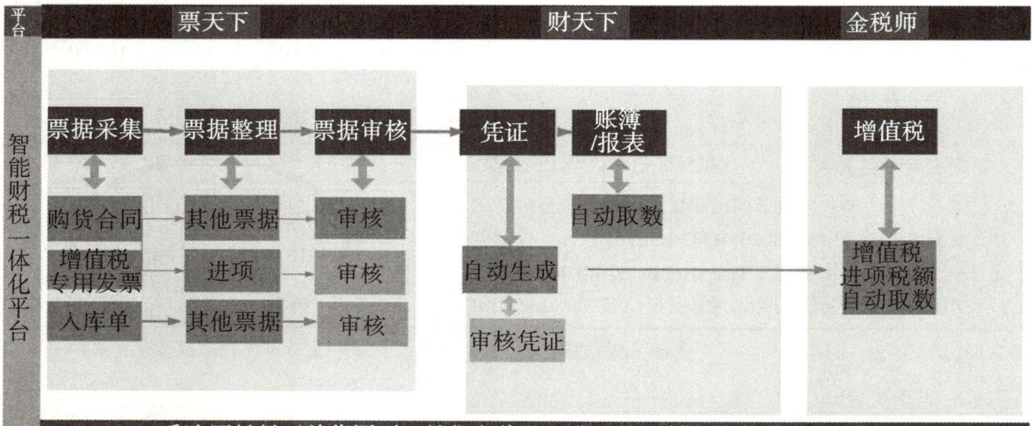

采购原材料（单货同到，销售方代垫运费，款未付）业务平台流程图

五、实训注意事项

1. 存货的采购成本包括购买价款、相关税费、运输费、装卸费、保险费以及其他可归属于存货采购成本的费用。对于一般纳税人而言，采购成本不包含进项税额。

2. 本次采购聚酯纤维的成本=______________（元），

可抵扣的进项税额=_________________（元），

应付账款=__________（元）。

技能点4　购入包装物

一、业务描述

2023年3月17日，闽潇服饰公司向无锡维平纸业有限公司采购纸箱1 000打，单价60元/打，合计金额60 000.00元，增值税税率为13%，价税合计67 800.00元。全部款项已通过转账支票支付，纸箱尚未验收入库。

二、业务流程

单到货未到，款已付的存货采购业务流程										
职位＼流程	流程1	流程2	流程3	流程4	流程5	流程6	流程7	流程8	流程9	流程10
业务部门	采购申请		确定供应商采购	提交付款报告书，取得发票						
公司负责人		批准								
会计主管					审核		审核		审核	
总账会计								填制记账凭证		
出纳						办理货款结算，填写支票登记簿				登记日记账
成本会计										登记在途物资等明细账

三、实训资料

（一）转账支票

中国银行
转账支票存根
10403220
98181818

附加信息

出票日期：2023年03月17日

收 款 人：	无锡维平纸业有限公司
金 额：	¥67 800.00
用 途：	支付货款

单位主管 陈立 会计 林华

付款期限自出票之日起十天

中国银行 转账支票

10403210
98181818

出票日期（大写）贰零贰叁年零叁月壹拾柒日
付款行名称：中国银行无锡梁溪支行

收款人：无锡维平纸业有限公司 出票人账号：41864409937929

人民币（大写）	陆万柒仟捌佰元整	亿	千	百	十	万	千	百	十	元	角	分
					¥	6	7	8	0	0	0	0

用途支付货款 密码：0227495413341017

上列款项请从
我账户内支付
出票人签章

无锡闽潇服饰有限公司 财务专用章

罗兴印

复核 记账

（二）付款申请单

付款申请单

申请日期：2023年03月17日

申请部门	采购部	申请人	陈勇
申请事由	支付纸箱款		
收款单位	无锡维平纸业有限公司	收款人	陈帅
申请付款金额	¥67 800.00		
付款方式	□现 ☑转 □其他	大写：陆万柒仟捌佰元整	
备注			

主管领导：罗兴 财务负责人：陈立 部门负责人：

（三）购销合同

购销合同

合同编号：61318987

购货单位（甲方）：无锡闽潇服饰有限公司

供货单位（乙方）：无锡维平纸业有限公司

根据《中华人民共和国民法典》及国家相关法律、法规之规定，甲乙双方本着平等互利的原则，就甲方购买乙方货物一事达成以下协议。

一、货物的名称、数量及价格：

货物名称	规格型号	单位	数量	单价	金额	税率	价税合计
纸箱		打	1 000	60.00	60 000.00	13%	67 800.00
合计（大写）陆万柒仟捌佰元整							¥67 800.00

二、交货方式和费用承担：交货方式为供货方送货＿＿＿＿＿＿，交货时间为2023年03月17日＿＿＿前，交货地点为江苏省无锡市梁溪区首秀路3号，运费由供货方＿承担。

三、付款时间与付款方式：交货后三个月内付款＿＿＿＿。

四、质量异议期：订货方对供货方的货物质量有异议时，应在收到货物后＿7日＿内提出，逾期视为质量合格。

五、未尽事宜经双方协商可作补充协议，与本合同具有同等效力。

六、本合同自双方签字、盖章之日起生效，本合同一式两份，甲乙双方各执一份。

甲方（签章）：无锡闽潇服饰有限公司

授权代表：罗兴

地　　址：江苏省无锡市梁溪区首秀路3号

电　　话：0510-90102394

日　　期：2023年03月17日

乙方（签章）：无锡维平纸业有限公司

授权代表：

地　　址：无锡锡山区宇朗路418号

电　　话：0510-05372346

日　　期：2023年03月17日

（四）增值税专用发票

3200151140 **江苏增值税专用发票** №75199163

国家税务总局 发票联

开票日期：2023年03月17日

购买方	名　　称：无锡闽潇服饰有限公司 纳税人识别号：913501046307045023 地址、电话：江苏省无锡市梁溪区首秀路3号0510-90102394 开户行及账号：中国银行无锡梁溪支行41864409937929	密码区	172312- 4- 275 < 1+46*54* 82*59* 181321> < 8182*59*09618153 < / < 4< 3*2702- 9> 9*+153</0 ; > 2-3 *08/4> *> > 2- -3*0/9/>> 25- -275 < 1

货物或应税劳务、服务名称	规格型号	单位	数量	单价	金额	税率	税额
*纸制品*包装箱		打	1 000	60.00	60 000.00	13%	7 800.00
合　计					¥60 000.00		¥7 800.00
价税合计（大写）	⊗陆万柒仟捌佰元整				（小写）¥67 800.00		

销售方	名　　称：无锡维平纸业有限公司 纳税人识别号：91320205M720716509 地址、电话：江苏省无锡市锡山区宇朗路418号0510-05372346 开户行及账号：工行无锡锡山区菲际路支行4670744357372319448	备注	校验码 39118 02817 08248 65199 无锡维平纸业有限公司 91320205M720716509 发票专用章

收款人：孙　浩　　复核：周　石　　开票人：徐梓涵　　销售方（章）

第三联 发票联 购买方记账凭证

（五）会计分录（业务25）

摘要	会计分录			
	总账科目	明细科目	借方金额	贷方金额

四、财税平台操作流程

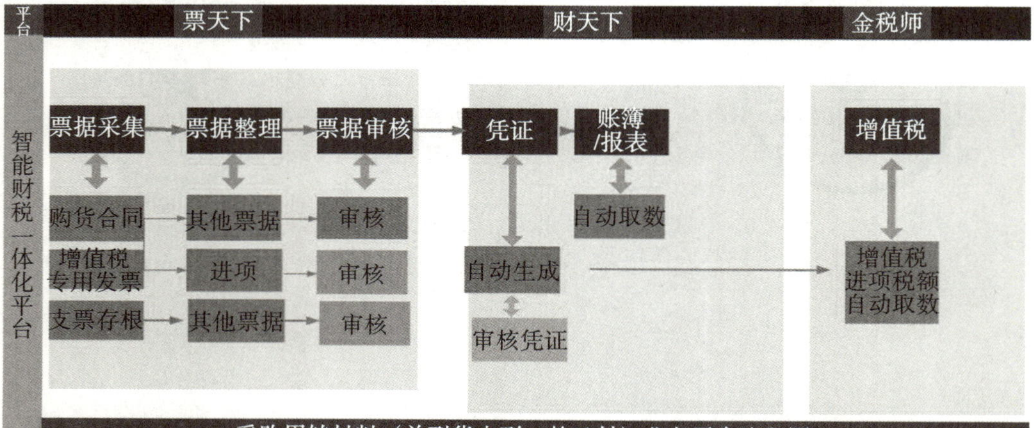

采购周转材料（单到货未到，款已付）业务平台流程图

五、实训注意事项

本企业周转材料采用实际成本计价法进行日常核算。

技能点5　包装物验收入库

一、业务描述

2023年3月18日，闽潇服饰公司于3月17日向无锡维平纸业有限公司采购的纸箱1 000打，到货并验收入库。

二、业务流程

周转材料验收入库流程					
流程／职位	流程1	流程2	流程3	流程4	流程5
业务部门	验收入库				
公司负责人					
会计主管		审核		审核	
总账会计			填制记账凭证		
出纳					
成本会计					登记相关明细账

三、实训资料

（一）材料入库单

材料入库单

发票号码：75199163　　　　　　　　　　　　　　　　　　　　金额单位：元

供应单位：无锡维平纸业有限公司　　　　　　　　　　　　　　收料单编号：0303

材料类别：周转材料　　　　　2023年03月18日　　　　　　　　收料仓库：1号

编号	名称	规格	单位	数量		实际成本				
				应收	实收	买价		运杂费	合计	单位成本
						单价	金额			
1	纸箱		打	1 000	1 000	60.00	60 000.00	0.00	60 000.00	60.00
合　计				1 000	1 000		¥60 000.00	¥0.00	¥60 000.00	¥60.00
备　注										

采购员：陈　勇　　　　检验员：薛　飞　　　　记账员：林　华　　　　保管员：薛　飞

（二）会计分录（业务26）

摘要	会计分录			
	总账科目	明细科目	借方金额	贷方金额

四、财税平台操作流程

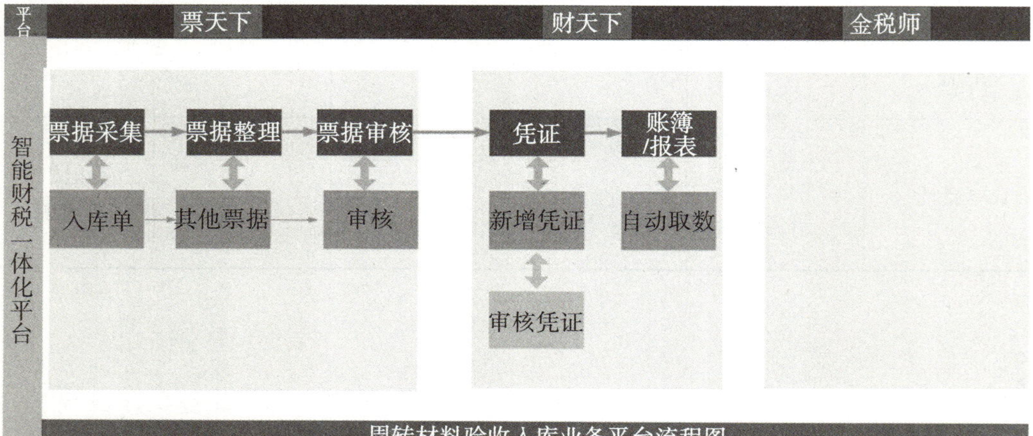

周转材料验收入库业务平台流程图

五、实训注意事项

1. 明确产品质量标准，同时需要将样品封存，作为产品验收时的依据。

2. 必须具备验收条件，即验收的材料全部到库，有关货物资料、单证齐全。

3. 要保证验收的准确，必须严格按照合同的规定，对入库的数量、规格、型号、配件、配套情况及外观质量等进行全面检查，应如实反映当时实际情况。不得自己作主处理。

技能点6　支付前欠运费及货款

一、业务描述

2023年3月18日，闽潇服饰公司向宁波布庄有限公司支付3月17日购入原材料聚酯纤维所欠货款250 860元以及由宁波布庄有限公司垫付的运费2 419.80元。

二、业务流程

支付前欠采购材料运费及货款业务流程					
流程 职位	流程1	流程2	流程3	流程4	流程5
业务部门					
公司负责人					
会计主管		审核		审核	
总账会计			填制记账凭证		
出纳	办理货款结算				登记日记账
成本会计					登记相关明细账

三、实训资料

（一）付款申请单

付款申请单

申请日期：2023年03月18日

申请部门	采购部	申请人	陈勇
申请事由	支付聚酯纤维货款		
收款单位	宁波布庄有限公司	收款人	杨秀
申请付款金额	¥253 279.80		
付款方式	□现　☑转　□其他	大写：贰拾伍万叁仟贰佰柒拾玖元捌角整	
备注			

主管领导：罗兴　　财务负责人：陈立　　部门负责人：李鑫

（二）银行回单

中国银行

业务回单（付款）

日期：2023年03月18日　　回单编号：9510

付款人户名：无锡闽潇服饰有限公司　　付款人开户行：中国银行无锡梁溪支行

付款人账号（卡号）：41864409937929

收款人户名：宁波布庄有限公司　　收款人开户行：工行宁波江东区翔日路支行

收款人账号（卡号）：7323095663923770878

金额：贰拾伍万叁仟贰佰柒拾玖元捌角整　　小写：¥253 279.80元

业务（产品）种类：　　凭证种类：6718491274　　凭证号码：25987927575664 9005

摘要：　　用途：　　币种：人民币

交易机构：201618827　　记账柜员：15119　　交易代码：73911　　渠道：

附言：

支付交易序号：

报文种类：　　委托日期：　　业务种类：

本回单为第1次打印，注意重复 打印日期：2023年03月18日 打印柜员：2 验证码：887254224977

中国银行无锡梁溪支行
电子回单
专用章

（三）会计分录（业务27）

摘要	会计分录			
	总账科目	明细科目	借方金额	贷方金额

四、财税平台操作流程

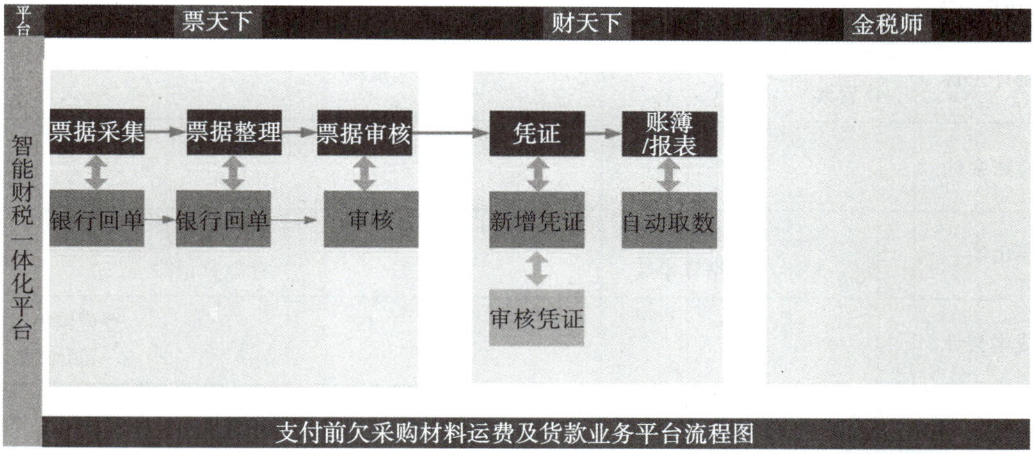

五、实训注意事项

1. 必须核对采购前后数据是否一致，防止发生数据不一致的问题，造成财产损失。
2. 在制作银行回单的过程中，务必确保采购时间以及采购金额的准确性。

任务七　销售与收款业务

技能点1　支付广告费

一、业务描述

2023年3月18日，闽潇服饰公司通过银行转账向无锡祥鸿文化传媒有限公司支付了广告费20 000.00元，税率为6%，税额为1 200.00元，价税合计21 200.00元。

二、业务流程

支付广告费业务流程						
流程 职位	流程1	流程2	流程3	流程4	流程5	流程6
业务部门						
公司负责人						
会计主管	审核广告费发票			审核		
总账会计			填制记账凭证			
出纳		办理支付结算手续			登记银行存款日记账	
成本会计						登记销售费用明细账

三、实训资料

（一）付款申请单

付款申请单

申请日期：2023年03月18日

申请部门	销售门市部	申请人	薛东
申请事由	支付广告费		
收款单位	无锡祥鸿文化传媒有限公司	收款人	陈以修
申请付款金额	¥21 200.00		
付款方式	□现 ☑转 □其他	大写：贰万壹仟贰佰元整	
备注			

主管领导：罗兴　　财务负责人：陈立　　部门负责人：李梁

（二）银行回单

中国银行 凭证

业务回单（付款）

日期：2023 年 03 月 18 日 回单编号：72030895915

付款人户名：无锡闽潇服饰有限公司 付款人开户行：中国银行无锡梁溪支行

付款人账号（卡号）：41864409937929

收款人户名：无锡祥鸿文化传媒有限公司 收款人开户行：工行无锡市星融路支行

收款人账号（卡号）：0662958676528356544

金额：贰万壹仟贰佰元整 小写：¥21 200.00元

业务（产品）种类： 凭证种类：6718491274 凭证号码：259879275756649005

摘要： 用途： 币种：人民币

交易机构：201618827 记账柜员：15119 交易代码：73911 渠道：0662958676528356544

（印章：中国银行无锡梁溪支行 电子回单专用章）

本回单为第1次打印，注意重复打印 日期：2023 年 03 月 18 日 打印柜员：2 验证码：887254224977

（三）会计分录（业务28）

摘要	会计分录			
	总账科目	明细科目	借方金额	贷方金额

四、财税平台操作流程

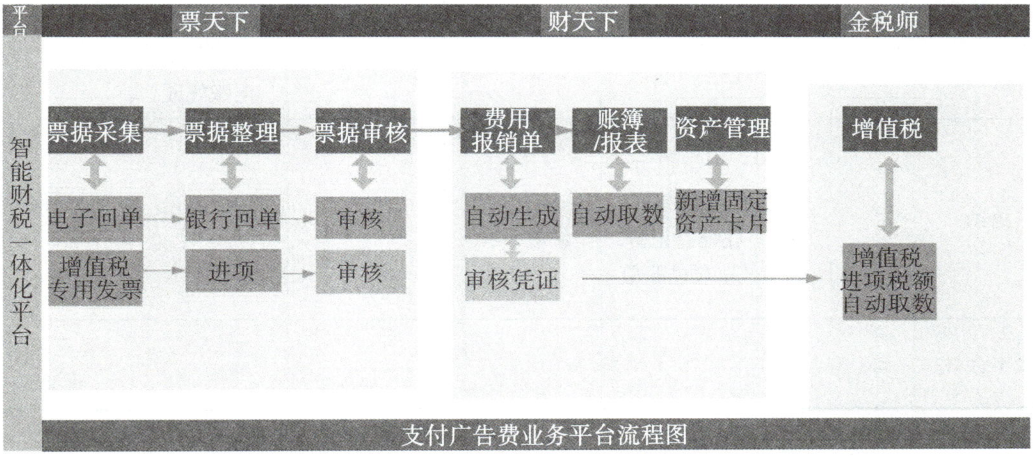

支付广告费业务平台流程图

五、实训注意事项

1. 支付广告费用时须在用途中说明广告执行情况并上传相关资料（包括文档、图片、PPT、视频等，若涉及报纸或期刊，还须提供实物供查看）。

2. 广告费若非一次性支付，需要说明前期已付款情况、此次为第几次合同付款中申请等事项。

技能点2 预收货款

一、业务描述

2023年3月18日，闽潇服饰公司与无锡鸿德机械有限公司签订销售合同，销售男衬衫2 000件、女衬衫1 000件，当天预收无锡鸿德机械有限公司支付的部分货款280 000元，尾款于3日内付清，付清后，无锡鸿德机械有限公司自行提货。

二、业务流程

转账支票预收货款业务流程						
职位	流程1	流程2	流程3	流程4	流程5	流程6
业务部门	收到转账支票转交出纳					
公司负责人						
会计主管				审核		
总账会计					编制记账凭证	
出纳		登记银行收款结算凭证登记簿，填写进账单	去银行办理结算手续			登记银行存款日记账
成本会计						登记相关明细账

三、实训资料

（一）进账单

中国银行　进账单　（收账通知）　3

2023年03月18日　　No.30048762

出票人	全　　称	无锡鸿德机械有限公司	收款人	全　　称	无锡闽潇服饰有限公司
	账　　号	1026523791414824711		账　　号	41864409937929
	开户银行	工行无锡锡山区睿融路支行		开户银行	中国银行无锡梁溪支行

金额	人民币（大写）	亿	千	百	十	万	千	百	十	元	角	分
	贰拾捌万元整			¥	2	8	0	0	0	0	0	0

票据种类	转账支票	票据张数	1
票据号码	0544313		

复核　　记账

收款人开户银行签章

中国银行无锡梁溪支行 2023.03.18 转讫

此联是收款人开户银行交给收款人的收账通知

（二）购销合同

购销合同

合同编号：70257445

购货单位（甲方）：无锡鸿德机械有限公司

供货单位（乙方）：无锡闽潇服饰有限公司

根据《中华人民共和国民法典》及国家相关法律、法规之规定，甲乙双方本着平等互利的原则，就甲方购买乙方货物一事达成以下协议。

一、货物的名称、数量及价格：

货物名称	规格型号	单位	数量	单价	金额	税率	价税合计
男衬衫		件	2 000	180.00	360 000.00	13%	406 800.00
女衬衫		件	1 000	200.00	200 000.00	13%	226 000.00
合计（大写）陆拾叁万贰仟捌佰元整							¥632 800.00

二、交货方式和费用承担：交货方式为购货方自行提货，交货时间为2023年3月21日前，交货地点为江苏省无锡市锡山区飞迈路141号，运费由购货方承担。

三、付款时间与付款方式：合同签订日付部分货款280 000元，尾款3日内付清。

四、质量异议期：订货方对供货方的货物质量有异议时，应在收到货物后7日内提出，逾期视为质量合格。

五、未尽事宜经双方协商可作补充协议，与本合同具有同等效力。

六、本合同自双方签字、盖章之日起生效，本合同一式两份，甲乙双方各执一份。

甲方（签章）：无锡鸿德机械有限公司	乙方（签章）：无锡闽潇服饰有限公司
授权代表：胡凯心	授权代表：罗兴
地　　址：江苏省无锡市锡山区飞迈路141号	地　　址：江苏省无锡市梁溪区首秀路3号
电　　话：0510-87832355	电　　话：0510-90102394
日　　期：2023年03月18日	日　　期：2023年03月18日

（三）转账支票

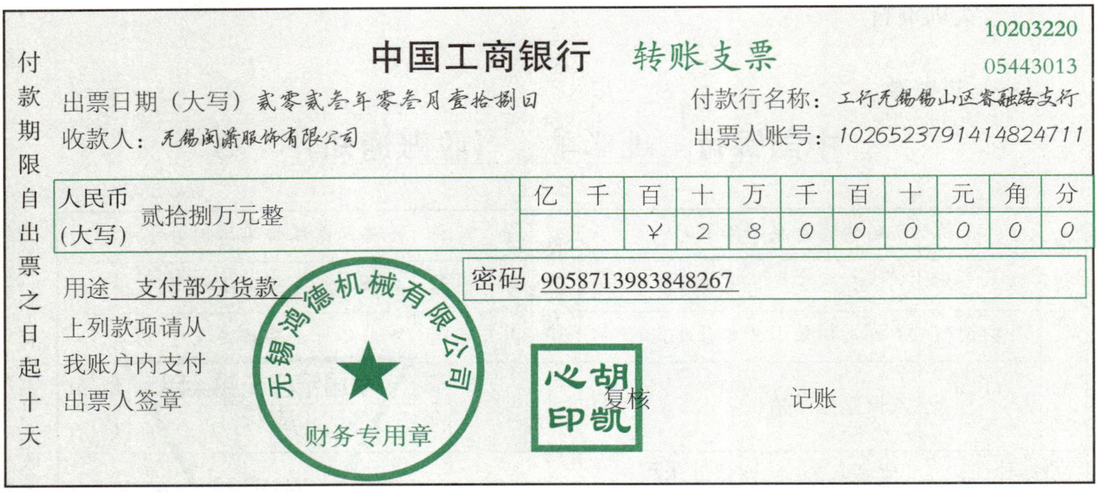

付款期限自出票之日起十天

中国工商银行 转账支票 10203220 05443013

出票日期（大写）贰零贰叁年零叁月壹拾捌日　付款行名称：工行无锡锡山区睿融路支行

收款人：无锡闽潇服饰有限公司　出票人账号：1026523791414824711

人民币（大写）	亿	千	百	十	万	千	百	十	元	角	分
贰拾捌万元整			¥	2	8	0	0	0	0	0	0

用途 支付部分货款　密码 9058713983848267

上列款项请从我账户内支付

出票人签章　无锡鸿德机械有限公司 财务专用章　胡凯印　复核　记账

（四）会计分录（业务29）

摘要	会计分录			
	总账科目	明细科目	借方金额	贷方金额

四、财税平台操作流程

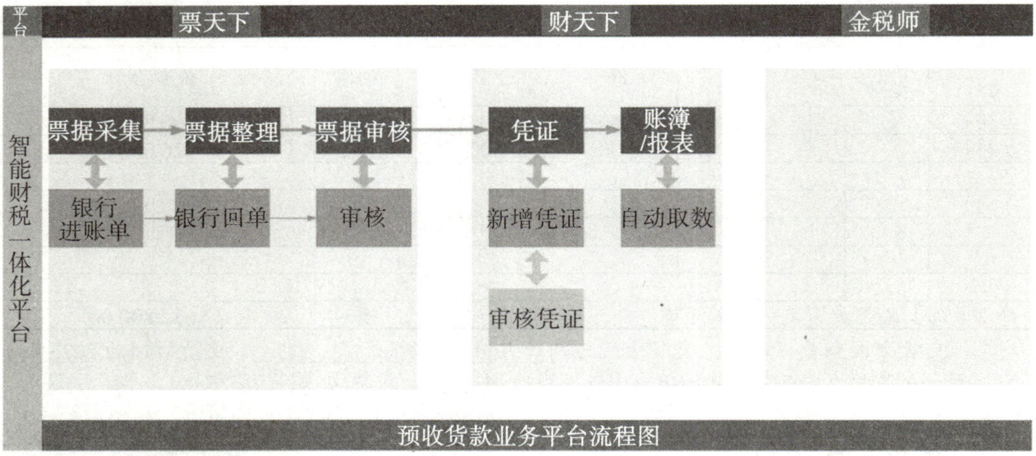

五、实训注意事项

1. 明确预收货物的标准以及预收货物的数额，做好记录。
2. 确保整个流程中相关单据的完整性，并且经过审核。

技能点3　销售商品，已预收部分货款

一、业务描述

2023年3月19日，闽潇服饰公司收到无锡鸿德机械有限公司购买男衬衫2 000件、女衬衫1 000件的剩余尾款，开具增值税专用发票，当日无锡鸿德机械有限公司自行提货。

开票信息如下：

商品和服务税收分类：男衬衫、女衬衫

客户名称：无锡鸿德机械有限公司

纳税人识别号：91320205M838909304

地址：江苏省无锡市锡山区飞迈路141号

电话：0510-87832355

开户行及账号：工行无锡锡山区睿融路支行1026523791414824711

二、业务流程

销售商品，已预收部分货款业务流程									
职位＼流程	流程1	流程2	流程3	流程4	流程5	流程6	流程7	流程8	流程9
业务部门	填写开具发票申请书					销售发货			
公司负责人									
会计主管		审核			审核			审核	
总账会计							填制记账凭证		
出纳				收款结算					登记日记账
成本会计			开具增值税专用发票						登记相关明细账（库存商品只登记数量）

三、实训资料

（一）增值税专用发票

3200221140　　**江苏增值税专用发票**　　№49628419

国家税务总局

此联不作报销、扣税凭证使用　　开票日期：2023年03月19日

购买方	名　　称：无锡鸿德机械有限公司 纳税人识别号：91320205M838909304 地 址、电 话：江苏省无锡市锡山区飞迈路141号0510-87832355 开户行及账号：工行无锡锡山区睿融路支行1026523791414824711			密码区	35- 2102- 348-042# 4872601%65#8 >672>80#%%%41%- -36%6- %17- -484409*67- >0%37#4*2- 5#50- -63# 30%205#8425878063027##%48*>-1-		
货物或应税劳务、服务名称	规格型号	单位	数　量	单　价	金　额	税率	税　额
*服装*男衬衫			2 000	180.00	360 000.00	13%	46 800.00
*服装*女衬衫			1 000	200.00	200 000.00	13%	26 000.00
合　计					¥560 000.00		¥72 800.00
价税合计（大写）	⊗陆拾叁万贰仟捌佰元整					（小写）¥632 800.00	
销售方	名　　称：无锡闽潇服饰有限公司 纳税人识别号：913501046307045023 地 址、电 话：江苏省无锡市梁溪区首秀路3号0510-90102394 开户行及账号：中国银行无锡梁溪支行41864409937929			备注	校验码11118 02817 08248 65199		

收款人：薛　东　　复核：林　华　　开票人：卢婷裁　　销售方（章）

无锡闽潇服饰有限公司 913501046307045023 发票专用章

第一联　记账联　销售方记账凭证

（二）销售单

销售单

金额单位：元

购货单位：无锡鸿德机械有限公司　　地址和电话：江苏省无锡市锡山区飞迈路141号0510-87832355　　单据编号：0301

纳税人识别号：91320205M838909304　　开户行及账号：工行无锡锡山区睿融路支行1026523791414824711　　制单日期：2023年03月19日

编号	产品名称	规格	单位	单价	数量	金额	备注
001	男衬衫		件	180.00	2 000	360 000.00	不含税
002	女衬衫		件	200.00	1 000	200 000.00	不含税
合　计		人民币（大写）：伍拾陆万元整				¥560 000.00	

总经理：罗兴　　销售经理：李梁　　经手人：薛飞　　会计：林华　　签收人：

（三）出库单

出 库 单

金额单位：元

购货单位：无锡鸿德机械有限公司　　2023年03月19日　　№ 0301

编号	产品名称	规格	单位	数量	单价（元）	金额	备注
1	男衬衫		件	2 000			单位售价180元
2	女衬衫		件	1 000			单位售价200元
合 计							

第一联 存根联

仓库主管：李露　　记账：林华　　保管：薛飞　　经手人：薛飞　　制单：薛飞

（四）银行回单

中国银行 凭证

业务回单（收款）

日期：2023年03月19日　　回单编号：82047846152

付款人户名：无锡鸿德机械有限公司　　付款人开户行：工行无锡锡山区睿融路支行

付款人账号（卡号）：1026523791414824711

收款人户名：无锡闽潇服饰有限公司　　收款人开户行：中国银行无锡梁溪支行

收款人账号（卡号）：41864409937929

金额：叁拾伍万贰仟捌佰元整　　小写：¥352 800.00元

业务（产品）种类：　　凭证种类：6150993773　　凭证号码：03939118424268808

摘要：　　用途：　　币种：人民币

交易机构：9897 423424　　记账柜员：39294　　交易代码：24348　　渠道：41864409937929

中国银行无锡梁溪支行 电子回单专用章

本回单为第1次打印，注意重复 打印日期：2023年03月19日 打印柜员：9 验证码：888556591580

（五）会计分录（业务30）

摘要	会计分录			
	总账科目	明细科目	借方金额	贷方金额

四、财税平台操作流程

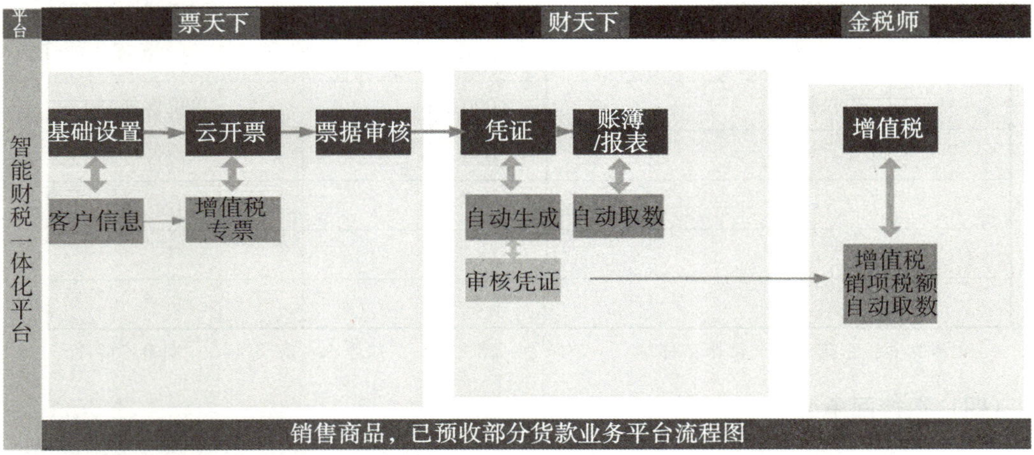

五、实训注意事项

1. 产成品出库单不作为记账凭证附件，月末根据产成品出库单编制产成品出库汇总表，结转已销产品成本。

2. 库存商品明细账只登记数量，不登记金额，月末采用加权平均法计算产品销售成本。

技能点4 赊销商品并代垫运费

一、业务描述

2023年3月19日，闽潇服饰公司销售门市部与无锡华香酒店有限公司签订购销合同，销售男T恤2 000件，女T恤2 000件，开具增值税专用发票，当日仓管部发出该批货物，运费由销售方代垫，货款尚未收到。

开票信息如下：

商品和服务税收分类：男T恤、女T恤

客户名称：无锡华香酒店有限公司

纳税人识别号：91320213M786678912

地址、电话：江苏省无锡市梁溪区晟林路845号0510-95385662

开户行及账号：工行无锡梁溪区宇朗路支行0505067476995698288

二、业务流程

赊销商品，并代垫运费业务流程									
流程 职位	流程1	流程2	流程3	流程4	流程5	流程6	流程7	流程8	流程9
业务部门	签订销售合同	填写开具发票申请			发货				
公司负责人									
会计主管			审核			审核		审核	
总账会计							编制记账凭证		
出纳					银行转账垫支运费				登记银行日记账
成本会计				开具增值税专用发票					登记相关明细账

三、实训资料

（一）购销合同

购销合同

合同编号：70257445

购货单位（甲方）：无锡华香酒店有限公司

供货单位（乙方）：无锡闽潇服饰有限公司

根据《中华人民共和国民法典》及国家相关法律、法规之规定，甲乙双方本着平等互利的原则，就甲方购买乙方货物一事达成以下协议。

一、货物的名称、数量及价格：

货物名称	规格型号	单位	数量	单价	金额	税率	价税合计
男T恤		件	2 000	120.00	240 000.00	13%	271 200.00
女T恤		件	2 000	150.00	300 000.00	13%	339 000.00
合计（大写）陆拾壹万零贰佰元整							¥610 200.00

二、交货方式和费用承担：交货方式为供货方送货，交货时间为2023年03月19日前，交货地点为江苏省无锡市梁溪区晟林路845号，运费由 购货方 承担。

三、付款时间与付款方式：交货后3日内转账支付货款及代垫运费。

四、质量异议期：订货方对供货方的货物质量有异议时，应在收到货物后 7日 内提出，逾期视为质量合格。

五、未尽事宜经双方协商可作补充协议，与本合同具有同等效力。

六、本合同自双方签字、盖章之日起生效，本合同一式两份，甲乙双方各执一份。

甲方（签章）：	乙方（签章）：
授权代表：吴娟	授权代表：罗兴
地　　址：江苏省无锡市梁溪区晟林路845号	地　　址：江苏省无锡市梁溪区首秀路3号
电　　话：0510-95385662	电　　话：0510-90102394
日　　期：2023年03月19日	日　　期：2023年03月19日

无锡华香酒店有限公司　无锡闽潇服饰有限公司

（二）销售单

销售单

金额单位：元

购货单位：无锡华香酒店有限公司　　地址和电话：江苏省无锡市梁溪区晟林路845号0510-95385662　　单据编号：0302

纳税人识别号：91320213M786678912　　开户行及账号：工行无锡梁溪区宇朗路支行0505067476995698288　　制单日期：2023年03月19日

编号	产品名称	规格	单位	单价	数量	金额	备注
003	男T恤		件	120.00	2 000	240 000.00	不含税
004	女T恤		件	150.00	2 000	300 000.00	不含税
合　计		人民币（大写）：伍拾肆万元整				¥540 000.00	

总经理：罗兴　　销售经理：李梁　　经手人：薛飞　　会计：林华　　签收人：

（三）增值税专用发票

3200221140　　**江苏增值税专用发票**　　№47867594

国家税务总局 江苏省税务局（章）

发票联

开票日期：2023年03月19日

购买方	名　　称：无锡华香酒店有限公司 纳税人识别号：91320213M786678912 地 址、电 话：江苏省无锡市梁溪区晟林路845号0510-95385662 开户行及账号：工行无锡梁溪区宇朗路支行0505067476995698288	密码区	*>5125> 105%47#*%4*8>3*- 48>- -0 4*- -78132%* 79>855%082#9408#15 449%68*3296*9#5#16%70>9- *085 - ->%29*0385#12%9842*802758307

货物或应税劳务、服务名称	规格型号	单位	数　量	单　价	金　额	税率	税　额
*服装*男T恤			2 000	120.00	240 000.00	13%	31 200.00
*服装*女T恤			2 000	150.00	300 000.00	13%	39 000.00
合　计					¥540 000.00		¥70 200.00
价税合计（大写）	⊗陆拾壹万零贰佰元整					（小写）	¥610 200.00

销售方	名　　称：无锡闽潇服饰有限公司 纳税人识别号：913501046307045023 地 址、电 话：江苏省无锡市梁溪区首秀路3号0510-90102394 开户行及账号：中国银行无锡梁溪支行41864409937929	备注	校验码52918 02817 08248 65177

无锡闽潇服饰有限公司 913501046307045023 发票专用章

收款人：薛　东　　复核：林　华　　开票人：卢婷裁　　销售方（章）

第一联 记账联 销售方记账凭证

3200221140 江苏增值税专用发票 №40854912

国家税务总局 发票联

机器编号：982888812388 开票日期：2023年03月19日

购买方	名　　称：无锡华香酒店有限公司 纳税人识别号：91320213M786678912 地 址、电 话：江苏省无锡市梁溪区晟林路845号0510-95385662 开户行及账号：工行无锡梁溪区宁朗路支行0505067476995698288				密码区	70774638#′76%0*%#8%025>--1> 8%%#8288#318797>0%>>505*3%%704 >4>-39%>%683262--*>017715#8*#4 2 4855560890#960571#0*5>#6253	
货物或应税劳务、服务名称	规格型号	单位	数　量	单　价	金　额	税率	税　额
*纸制品*包装箱		次	1	4 073.39	4 073.39	9%	366.61
合　计					¥4 073.39		¥366.61
价税合计（大写）	⊗肆仟肆佰肆拾元整				（小写）¥4 440.00		
销售方	名　　称：宁波菲同国际货运代理有限公司 纳税人识别号：91330205M343645675 地 址、电 话：浙江省宁波市江北区翔日路030号0574-76665253 开户行及账号：工行宁波江北区成玛路支行7075734000230534280				备注	校验码52118 02817 08248 65133	

宁波菲同国际货运代理有限公司 91330205M343645675 发票专用章

收款人：韩 松　　复核：高 挺　　开票人：罗 文　　销售方（章）

第三联 发票联 购买方记账凭证

（四）运费垫支凭证

运费垫支凭证

2023年03月19日

收货单位	运单号	货物名称	发运数量	运费价税合计	其他	金额合计	经手人
无锡华香酒店有限公司	40854912	男T恤	2 000	4 440.00		4 440.00	薛东
		女T恤	2 000				

（五）付款申请单

付款申请单

申请日期：2023年03月19日

申请部门	销售门市部	申请人	薛东
申请事由	代垫运费		
收款单位	宁波菲同国际货运代理有限公司	收款人	罗明
申请付款金额	¥4 440.00		
付款方式	□现　☑转　□其他	大写：肆仟肆佰肆拾元整	
备注			

主管领导：罗兴　　财务负责人：陈立　　部门负责人：李梁

（六）银行回单

中国银行　　凭证

业务回单（付款）

日期：2023年03月19日　　回单编号：30174992492

付款人户名：无锡闽潇服饰有限公司　　付款人开户行：中国银行无锡梁溪支行

付款人账号（卡号）：41864409937929

收款人户名：宁波菲同国际货运代理有限公司　　收款人开户行：工行宁波江北区成玛路支行

收款人账号（卡号）：7075734000230534280

金额：肆仟肆佰肆拾元整　　小写：¥4 440.00元

业务（产品）种类：　　凭证种类：2521891821　　凭证号码：67538199903383857

摘要：　　用途：　　币种：人民币

交易机构：5258221572　　记账柜员：94902　　交易代码：89957　　渠道：7075734000230534280

中国银行无锡梁溪支行 电子回单专用章

本回单为第1次打印，注意重复 打印日期：2023年03月19日 打印柜员：2 验证码：153217196496

（七）出库单

出　库　单　　金额单位：元

购货单位：无锡华香酒店有限公司　　2023年03月19日　　№ 0301

编号	产品名称	规格	单位	数量	单价	金额（元）	备注
003	男T恤		件	2 000			单位售价120元
004	女T恤		件	2 000			单位售价150元
合　计						¥0.00	

第一联 存根联

仓库主管：李露　　记账：林华　　保管：薛飞　　经手人：薛飞　　制单：薛飞

（八）会计分录（业务31）

摘要	会计分录			
	总账科目	明细科目	借方金额	贷方金额

四、财税平台操作流程

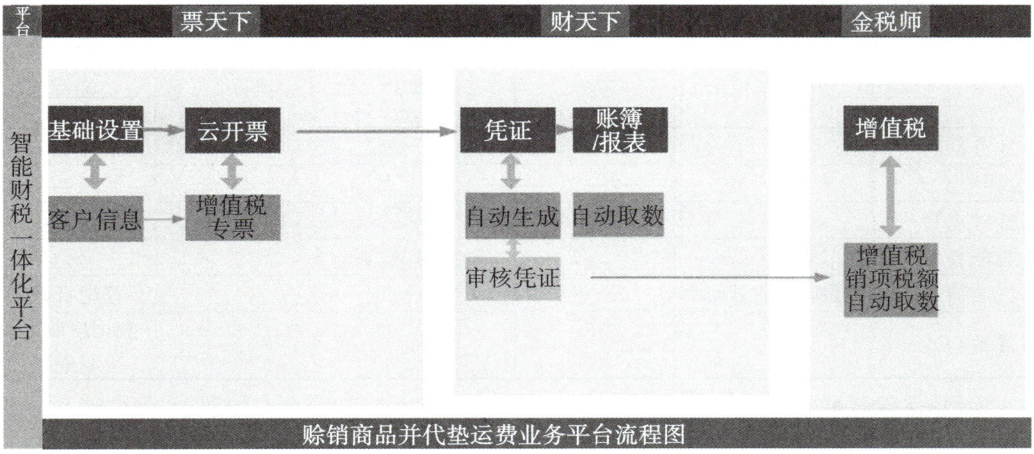

五、实训注意事项

本实训中，运费由购买方承担，运费发票不作为本公司原始凭证。

技能点5 收到前欠货款及代垫运费

一、业务描述

2023年3月19日，闽潇服饰公司与无锡华香酒店有限公司签订购销合同，销售男T恤2 000件，单价120元/件，金额240 000.00元，税率13%，价税合计271 200.00元；女T恤2 000件，单价150元/件，金额300 000.00元，税率13%，价税合计339 000.00元，申请开具增值税专用发票。

当日仓管部发出该批货物，运费由销售方代垫，货款尚未收到。

2023年3月20日，闽潇服饰公司收到无锡华香酒店有限公司前欠货款及代垫运费。

二、业务流程

收到前欠货款及代垫运费业务流程					
流程 职位	流程1	流程2	流程3	流程4	流程5
业务部门					
公司负责人					
会计主管		审核		审核	
总账会计			填制记账凭证		
出纳	取得银行收款回单				登记日记账
成本会计					登记应收账款明细账

三、实训资料

（一）银行回单

中国银行 凭证

业务回单（收款）

日期：2023年03月20日 回单编号：65664806240

付款人户名：无锡华香酒店有限公司 付款人开户行：工行无锡梁溪区宇朗路支行

付款人账号（卡号）：0505067476995698288

收款人户名：无锡闽潇服饰有限公司 收款人开户行：中国银行无锡梁溪支行

收款人账号（卡号）：41864409937929

金额：陆拾壹万肆仟陆佰肆拾元整 小写：¥614 640.00元

业务（产品）种类： 凭证种类：0708408793 凭证号码：92028003751559650

摘要： 用途： 币种：人民币

交易机构：3435828444 记账柜员：39493 交易代码：61722 渠道：41864409937929

工行无锡梁溪区宇朗路支行 电子回单专用章

中国银行无锡梁溪支行 电子回单专用章

本回单为第1次打印，注意重复 打印日期：2023年03月20日 打印柜员：6 验证码：609457683716

（二）会计分录（业务32）

摘要	会计分录			
	总账科目	明细科目	借方金额	贷方金额

四、财税平台操作流程

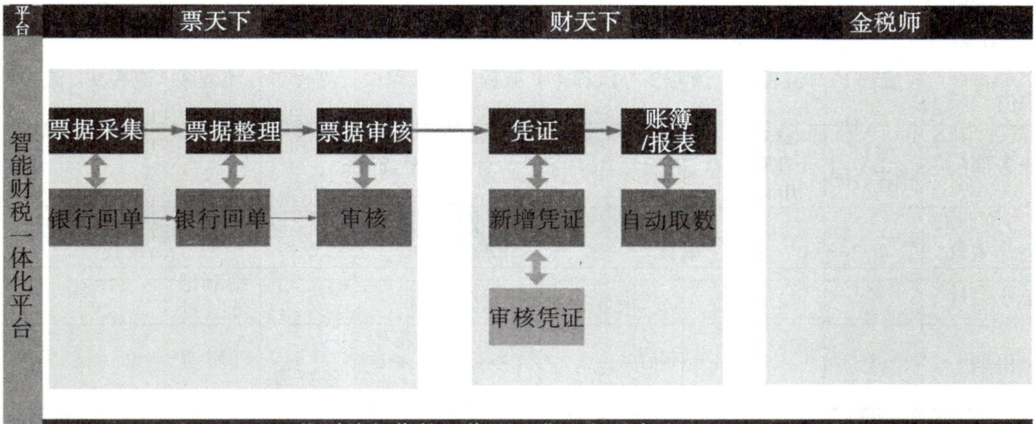

收到前欠货款及代垫运费业务平台流程图

五、实训注意事项

需要注意，运费一般由销售方代垫。

技能点6　销售商品，收到银行承兑汇票

一、业务描述

2023年3月20日，闽潇服饰公司销售门市部与上海科泰环保有限公司签订购销合同，销售男T恤120件，单价120元/件，金额14 400.00元，税率13%，价税合计16 272.00元。销售女T恤150件，单价150元/件，金额22 500.00元，税率13%，价税合计25 425.00元。申请开具增值税专用发票。购货方自行提货，当日仓管部发出该批货物，并收到上海科泰环保有限公司开来的银行承兑汇票。

开票信息如下：

商品和服务税收分类：男T恤 、女T恤

客户名称：上海科泰环保有限公司

纳税人识别号：91310104M302253440

地址、电话：上海市佳志路733号021-21339146

开户行及账号：中国农业银行上海市分行6228455193739852

二、业务流程

销售商品，收到银行承兑汇票业务流程										
流程 职位	流程1	流程2	流程3	流程4	流程5	流程6	流程7	流程8	流程9	流程10
业务部门	签订销售合同	填写开具发票申请				发货				
公司负责人										
会计主管			审核		审核				审核	
总账会计								编制记账凭证		
出纳						取得银行承兑汇票	登记备查簿			
成本会计				开具发票						登记相关明细账

三、实训资料

（一）购销合同

购销合同

合同编号：09148781

购货单位（甲方）：上海科泰环保有限公司

供货单位（乙方）：无锡闽潇服饰有限公司

根据《中华人民共和国民法典》及国家相关法律、法规之规定，甲乙双方本着平等互利的原则，就甲方购买乙方货物一事达成以下协议。

一、货物的名称、数量及价格：

货物名称	规格型号	单位	数量	单价	金额	税率	价税合计
男T恤		件	120	120.00	14 400.00	13%	16 272.00
女T恤		件	150	150.00	22 500.00	13%	25 425.00
合计（大写）肆万壹仟陆佰玖拾柒元整							¥41 697.00

二、交货方式和费用承担：交货方式为购货方自行提货，交货时间为2023年03月20日前，交货地点为江苏省无锡市梁溪区首秀路3号，运费由购货方承担。

三、付款时间与付款方式：银行承兑汇票支付。

四、质量异议期：订货方对供货方的货物质量有异议时，应在收到货物后7日内提出，逾期视为质量合格。

五、未尽事宜经双方协商可作补充协议，与本合同具有同等效力。

六、本合同自双方签字、盖章之日起生效，本合同一式两份，甲乙双方各执一份。

甲方（签章）：上海科泰环保有限公司
授权代表：何华
地　　址：上海市佳志路733号
电　　话：021-21339146
日　　期：2023年03月20日

乙方（签章）：无锡闽潇服饰有限公司
授权代表：罗兴
地　　址：江苏省无锡市梁溪区首秀路3号
电　　话：0510-90102394
日　　期：2023年03月20日

（二）销售单

销售单

金额单位：元

购货单位：上海科泰环保有限公司　　地址和电话：上海市佳志路733号021-21339146　　单据编号：0303

纳税人识别号：91310104M302253440　　开户行及账号：中国农业银行上海分行6228455193739852　　制单日期：2023年03月20日

编号	产品名称	规格	单位	单价	数量	金额	备注
003	男T恤		件	120.00	120	14 400.00	不含税
004	女T恤		件	150.00	150	22 500.00	不含税
合　计		人民币（大写）：叁万陆仟玖佰元整				¥36 900.00	

总经理：　　销售经理：　　经手人：　　会计：　　签收人：

（三）增值税专用发票

3200221140　　**江苏增值税专用发票**　　№47867596

（印章：全国统一发票监制章 国家税务总局 江苏省税务局）

此联不作报销、扣税凭证使用　　开票日期：2023年03月20日

购买方	名　　称：上海科泰环保有限公司 纳税人识别号：91310104M302253440 地 址、电 话：上海市佳志路733号021-21339146 开户行及账号：中国农业银行上海分行6228455193739852	密码区	6%*66988>5#632- -377- 7#531 *845 *7#**%92>#*829#02#0>- -9%>047# 64##25377*- -574#48-1301%2>- -90 51 7%22%7697569- %2539#* 13#09

货物或应税劳务、服务名称	规格型号	单位	数　量	单　价	金　额	税率	税　额
*服装*男T恤		件	120	120.00	14 400.00	13%	1 872.00
*服装*女T恤		件	150	150.00	22 500.00	13%	2 925.00
合　计					¥36 900.00		¥4 797.00
价税合计（大写）	⊗肆万壹仟陆佰玖拾柒元整				（小写）¥41 697.00		

销售方	名　　称：无锡闽潇服饰有限公司 纳税人识别号：913501046307045023 地 址、电 话：江苏省无锡市梁溪区首秀路3号0510-90102394 开户行及账号：中国银行无锡梁溪支行41864409937929	备注	校验码92118028170824865132 （印章：无锡闽潇服饰有限公司 913501046307045023 发票专用章）

收款人：薛　东　　复核：林　华　　开票人：卢婷裁　　销售方（章）

第一联　记账联　销售方记账凭证

（四）银行承兑汇票

中国农业银行 银行承兑汇票 2

10403150
51371038

出票日期（大写） 贰零贰叁年零叁月零贰拾日

<table>
<tr><td>出票人全称</td><td>上海科泰环保有限公司</td><td rowspan="3">收款人</td><td>全　称</td><td colspan="11">无锡闽潇服饰有限公司</td></tr>
<tr><td>出票人账号</td><td>6228455193739852</td><td>账　号</td><td colspan="11">41864409937929</td></tr>
<tr><td>付款行全称</td><td>中国农业银行上海市分行</td><td>开户银行</td><td colspan="11">中国银行无锡梁溪支行</td></tr>
<tr><td rowspan="2">金额</td><td rowspan="2" colspan="3">人民币（大写） 肆万壹仟陆佰玖拾柒元整</td><td>亿</td><td>千</td><td>百</td><td>十</td><td>万</td><td>千</td><td>百</td><td>十</td><td>元</td><td>角</td><td>分</td></tr>
<tr><td></td><td></td><td></td><td>¥</td><td>4</td><td>1</td><td>6</td><td>9</td><td>7</td><td>0</td><td>0</td></tr>
<tr><td>汇票到期日（大写）</td><td>贰零贰叁年零陆月壹拾玖日</td><td rowspan="2">付款行</td><td>行号</td><td colspan="11">308567681948</td></tr>
<tr><td>承兑协议编号</td><td>46326154</td><td>地址</td><td colspan="11">上海市徐汇区中山路29号</td></tr>
<tr><td colspan="2">本汇票请你行承兑，到期无条件付款。
上海科泰环保有限公司 财务专用章
张丽 印三
出票人盖章</td><td colspan="3">本汇票已经承兑，到期日由本行付款。
中国农业银行股份有限公司 308567681948 汇票专用章
承兑行签章
承兑日期 2023年03月20日
备注：</td><td colspan="10">密押

复核　　记账</td></tr>
</table>

此联收款人开户行随托收凭证寄付款行作借方凭证附件

（五）出库单

出　库　单

金额单位：元

购货单位：上海科泰环保有限公司　　2023年03月20日　　№ 0303

编号	产品名称	规格	单位	数量	单价	金额	备注
003	男T恤		件	120		0.00	单位售价120元
005	女T恤		件	150		0.00	单位售价150元
合　计						¥0.00	

第一联 存根联

仓库主管：李蠡　　记账：林华　　保管：薛飞　　经手人：薛飞　　制单：薛飞

（六）会计分录（业务33）

摘要	会计分录			
	总账科目	明细科目	借方金额	贷方金额

四、财税平台操作流程

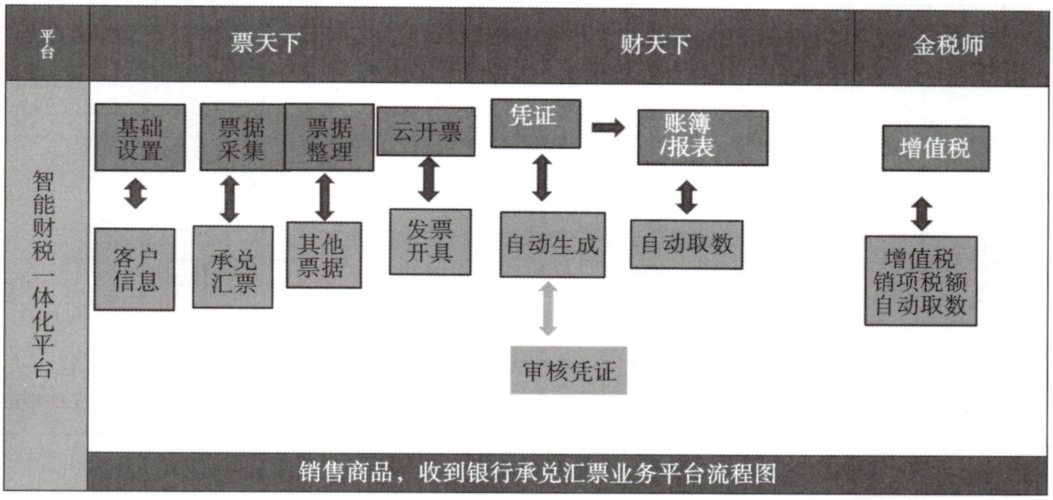

五、实训注意事项

出纳收到销售门市部交来的银行承兑汇票登记备查账簿，待票据到期后提示付款。

技能点7　赊销棉布并承担运费

一、业务描述

2023年3月21日，闽潇服饰公司销售门市部与天津晓笛服饰有限责任公司签订购销合同，销售企业多余棉布500米，申请开具增值税专用发票。当日仓管部发出该批货物，款未收，运费由销售方承担。

开票信息如下：

商品和服务税收分类：布-棉布

客户名称：天津晓笛服饰有限责任公司

纳税人识别号：91120102M991349625

地址、电话：天津市达芬路895号 022-53194643

开户行及账号：工行天津市索政路支行3662764415834496765

二、业务流程

赊销原材料业务流程										
流程 职位	流程1	流程2	流程3	流程4	流程5	流程6	流程7	流程8	流程9	流程10
业务部门	签订销售合同	填写开具发票申请					发货			
公司负责人										
会计主管			审核			审核			审核	
总账会计								编制记账凭证		
出纳										
成本会计				开具发票	填写领料单（单价空）					登记相关明细账

三、实训资料

（一）购销合同

购销合同

合同编号：55294548

购货单位（甲方）：天津晓笛服饰有限责任公司

供货单位（乙方）：无锡闽潇服饰有限公司

根据《中华人民共和国民法典》及国家相关法律、法规之规定，甲乙双方本着平等互利的原则，就甲方购买乙方货物一事达成以下协议。

一、货物的名称、数量及价格：

货物名称	规格型号	单位	数量	单价	金额	税率	价税合计
棉布		米	500	30.00	15 000.00	13%	16 950.00
合计（大写）壹万陆仟玖佰伍拾元整							¥16 950.00

二、交货方式和费用承担：交货方式为购货方自行提货，交货时间为2023年03月22日前，交货地点为天津市达芬路895号，运费由供货方承担。

三、付款时间与付款方式：交货后三个月内，转账支付。

四、质量异议期：订货方对供货方的货物质量有异议时，应在收到货物后7日内提出，逾期视为质量合格。

五、未尽事宜经双方协商可作补充协议，与本合同具有同等效力。

六、本合同自双方签字、盖章之日起生效，本合同一式两份，甲乙双方各执一份。

天津晓笛服饰有限责任公司（印章）

甲方（签章）：
授权代表：张国华
地　址：天津市达芬路895号
电　话：022-53194643
日　期：2023年03月20日

无锡闽潇服饰有限公司（印章）

乙方（签章）：
授权代表：罗兴
地　址：江苏省无锡市梁溪区首秀路3号
电　话：0510-90102394
日　期：2023年03月20日

（二）销售单

销售单

金额单位：元

购货单位：天津晓笛服饰有限责任公司　　地址和电话：天津市达芬路895号022-53194643　　单据编号：0304

纳税人识别号：91120121M991349625　　开户行及账号：工行天津市索政路支行3662764415834496765　　制单日期：2023年03月21日

编号	产品名称	规格	单位	单价	数量	金额	备注
001	棉布		米	30.00	500	15 000.00	不含税
合　计		人民币（大写）：壹万伍仟元整				¥15 000.00	

总经理：罗兴　　销售经理：李梁　　经手人：薛飞　　会计：林华　　签收人：

（三）增值税专用发票

3200221140　　**江苏增值税专用发票**　　№49628422

国家税务总局 江苏省税务局

此联不作报销、扣税凭证使用　　开票日期：2023年03月21日

购买方	名　　称：天津晓笛服饰有限责任公司 纳税人识别号：91120102M991349625 地 址、电 话：天津市达芬路895号022-53194643 开户行及账号：工行天津市索政路支行3662764415834496765	密码区	>7*3-19#>5*2533396#66- 650#35 07#0>685353*4639- #>2*- #*670> 777834- -22* 46>38#>999%#%1*#7% 2%--108%64393- -560069- -7%67*63

货物或应税劳务、服务名称	规格型号	单位	数　量	单　价	金　额	税率	税　额
*布*棉布		米	500	30.00	15 000.00	13%	1 950.00
合　计					¥15 000.00		¥1 950.00
价税合计（大写）	⊗壹万陆仟玖佰伍拾元整				（小写）¥16 950.00		

销售方	名　　称：无锡闽潇服饰有限公司 纳税人识别号：913501046307045023 地 址、电 话：江苏省无锡市梁溪区首秀路3号0510-90102394 开户行及账号：中国银行无锡梁溪支行41864409937929	备注	校验码91320205M720716509 （无锡闽潇服饰有限公司 913501046307045023 发票专用章）

收款人：薛　东　　复核：林　华　　开票人：卢婷裁　　销售方（章）

第一联 记账联 销售方记账凭证

（四）出库单

出　库　单

出货单位：无锡闽潇服饰有限公司　　　　№ 001

提货单位(部门)：天津晓笛服饰有限责任公司　销售单号：发货仓库：　　出库日期：2023年03月21日

编码	名称	规格	单位	数量		单价（元）	金额（元）
				应发	实发		
001	棉布		米	500	500	0.00	0.00
合计	人民币（大写）：零元整						¥0.00

第一联　存根联

部门经理：李蠡　　会计：林华　　仓库：薛飞　　经办人：薛飞

（五）会计分录（业务34）

摘要	会计分录			
	总账科目	明细科目	借方金额	贷方金额

四、财税平台操作流程

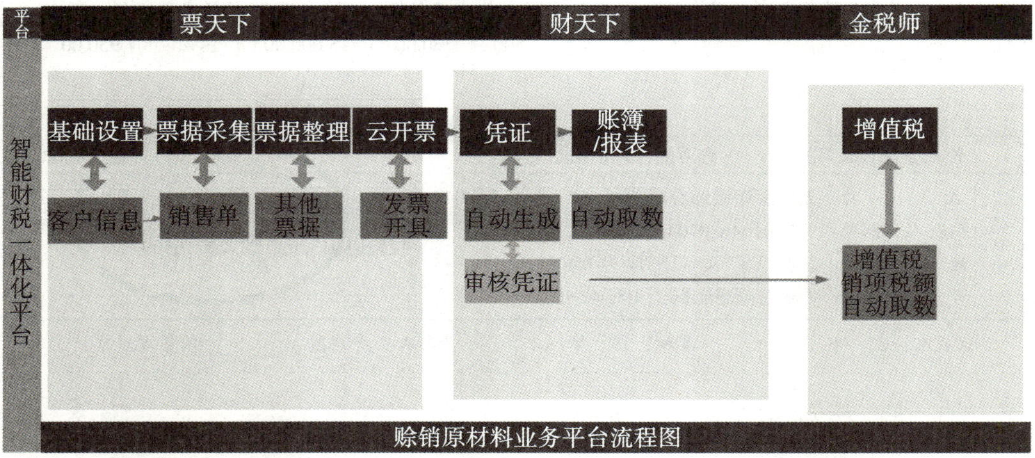

五、实训注意事项

1. 销售棉布收入作为企业其他业务收入进行核算。
2. 由销售方承担的运费应单独根据运费发票进行核算。

技能点8　支付销售原材料运费

一、业务描述

2023年3月22日，闽潇服饰公司支付销售棉布承担的运费。2023年3月21日，闽潇服饰公司销售门市部与天津晓笛服饰有限责任公司签订购销合同，销售棉布500米，运费由销售方承担。3月22日，运输公司提供运输发票，闽潇服饰公司通过网银支付含税运费2 725元。

二、业务流程

支付销售原材料运费业务流程

职位＼流程	流程1	流程2	流程3	流程4	流程5
业务部门					
公司负责人					
会计主管		审核		审核	
总账会计			填制记账凭证		
出纳	办理运费结算				登记日记账
成本会计					登记相关明细账

三、实训资料

（一）增值税专用发票

3200221140　　浙江增值税专用发票　　№19141519

（国家税务总局浙江省税务局监制）

发票联

开票日期：2023年03月22日

购买方	名　　称：无锡闽潇服饰有限公司 纳税人识别号：913501046307045023 地址、电话：江苏省无锡市梁溪区首秀路3号0510-90102394 开户行及账号：中国银行无锡梁溪支行41864409937929	密码区	98%7%0226*#63- ##0%382*6#8- ->% %584*88*023#42019>728815>979 951%*2%>98- %51148938#3044299 403-0453600041-7573188-1-0#9

货物或应税劳务、服务名称	规格型号	单位	数量	单价	金额	税率	税额
*运输服务*货物运输			1	2 500.00	2 500.00	9%	225.00
合　计					¥2 500.00		¥225.00
价税合计（大写）	⊗贰仟柒佰贰拾伍元整				（小写）¥2 725.00		

销售方	名　　称：宁波菲同国际货运代理有限公司 纳税人识别号：91330205M343645675 地址、电话：浙江省宁波市江北区翔日路030号0574-76665253 开户行及账号：工行宁波江北区成玛路支行7075734000230534280	备注	校验码56118 02817 08248 65199 （宁波菲同国际货运代理有限公司 91330205M343645675 发票专用章）

收款人：　　　复核：高　挺　　　开票人：罗　文　　　销售方（章）

第三联　发票联　购买方记账凭证

（二）付款申请单

付款申请单

申请日期：2023年03月22日

申请部门	销售门市部	申请人	薛东
申请事由	支付3月21日销售棉布运费		
收款单位	宁波菲同国际货运代理有限公司	收款人	罗明
申请付款金额	¥2 725.00		
付款方式	□现 ☑转 □其他	大写：贰仟柒佰贰拾伍元整	
备注			

主管领导：罗兴　　财务负责人：陈立　　部门负责人：李梁

（三）银行回单

中国银行　　付款凭证

网银回单

日期：2023年03月22日　　回单编号：8536

付款人户名：无锡闽潇服饰有限公司　　付款人开户行：中国银行无锡梁溪支行

付款人账号（卡号）：41864409937929

收款人户名：宁波菲同国际货运代理有限公司　　收款人开户行：工行宁波江北区成玛路支行

收款人账号（卡号）：7075734000230534280

金额：贰仟柒佰贰拾伍元整　　小写：¥2 725.00元

业务（产品）种类：　　凭证种类：　　凭证号码：

摘要：　　用途：　　币种：

交易机构：　　记账柜员：　　交易代码：　　渠道：

附言：

支付交易序号：　　委托日期：　　业务种类：

本回单为第1次打印，注意重复打印　日期：2023年03月22日　打印柜员：　验证码：

（印章：中国银行无锡梁溪支行 电子回单专用章）

（四）会计分录（业务35）

摘要	会计分录			
	总账科目	明细科目	借方金额	贷方金额

四、财税平台操作流程

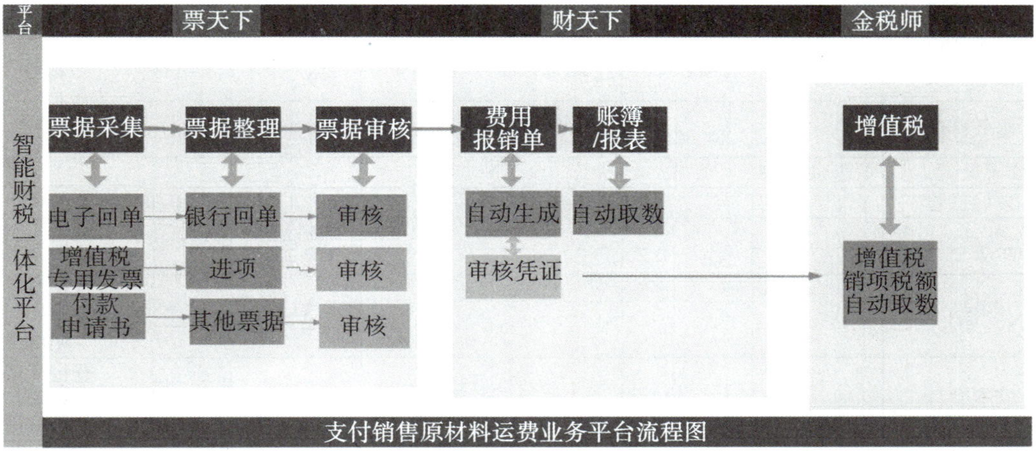

五、实训注意事项

销售材料运输费用是由销售方承担的，进项税额可以抵扣。

任务八　其他业务

技能点 1　购入股票

一、业务描述

2023 年 3 月 24 日，闽潇服饰公司经董事会同意用证券资金账户款项从二级市场购入股票，公司对被投资企业无重大影响，将其划分为交易性金融资产。

二、业务流程

购入股票业务流程							
职位 \ 流程	流程 1	流程 2	流程 3	流程 4	流程 5	流程 6	流程 7
业务部门			购入股票，取得交割单				
公司负责人	董事会开会	审批					
会计主管				审核		审核	
总账会计					编制记账凭证		
出纳							登记其他货币资金明细账
成本会计							登记交易性金融资产等明细账

三、实训资料

（一）交割单对账单

华夏证券无锡东四营业部　交割单对账单

客户编号：38887576　名称：无锡闽潇服饰有限公司　对账日期：2023-03-24　打印柜员：7020

资金信息：

币种	资金余额	可用金额	可取现金	资产总值
人民币	8 863.75	8 863.75	8 863.75	939 363.70

流水明细：

日期	币种	业务标志	证券名称	证券代码	发生数量	成交均价	佣金	印花税	其他费用	收付金额	资金余额	备注
2022-11-12	人民币	股票买入	建新实业	600129	40 000	15.50	1 200.00			-621 200.00	260 000.00	
2023-03-24	人民币	股票买入	顺心科技	300925	10 000	25.05	636.25			-251 136.25	8 863.75	

股票汇总资料

证券名称	证券代码	当前数	可用数	最低价	市值	币种
顺心科技	300925	10 000	10 000	25.05	250 500.00	人民币
建新实业	600129	40 000	40 000	17.00	680 000.00	人民币

（二）会计分录（业务36）

摘要	会计分录			
	总账科目	明细科目	借方金额	贷方金额

四、财税平台操作流程

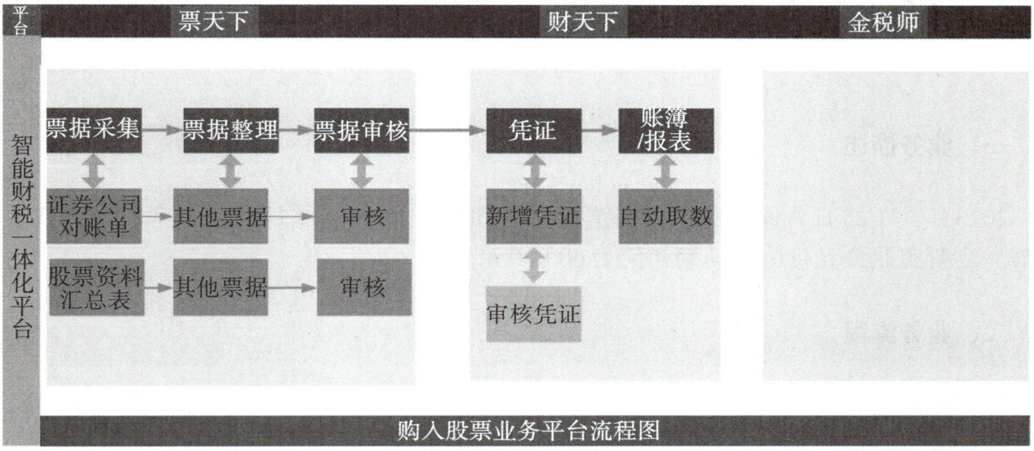

购入股票业务平台流程图

五、实训注意事项

1. 提前了解证券相关知识，以便看懂证券公司的对账单，同时可以确定数据的准确性。

2. 企业取得交易性金融资产时，按交易性金融资产的公允价值，借记“交易性金融资产（成本）”科目，按发生的交易费用，借记“投资收益”科目，对于价款中包含的已宣告但尚未发放的现金股利或利息，借记“应收股利”或“应收利息”科目，按实际支付的金额贷记“银行存款”等科目。

3. 在持有交易性金融资产期间被投资单位宣告发放的现金股利或债券利息，借记“应收股利”或“应收利息”，贷记“投资收益”（收到现金股利或利息时，借记“银行存款”，贷记“应收股利”或“应收利息”）。

【学思践悟】某大型国有企业在党的二十大的精神指引下，积极调整投资策略，优化股票投资组合，实现了良好的投资回报。

该企业会计团队在深入研究市场动态和行业发展趋势的基础上，结合公司战略目标和风险承受能力，制订了科学的股票投资计划。该企业会计团队精选了一批具有成长潜力和稳定收益的优质股票，通过合理的资产配置和风险控制，有效提升了投资组合的整体表现。

在投资过程中，该企业会计团队始终秉持稳健投资、长期价值投资的理念，避免了盲目跟风和短期投机行为。他们注重与上市公司的沟通与合作，积极参与公司治理，推动了企业的健康发展。

这一案例不仅展示了企业会计在股票投资业务中的专业素养和投资能力，也体现了企业积极贯彻落实党的二十大精神、推动资本市场健康发展的实际行动。同时，该案例也为我们学习企业会计和股票投资业务提供了宝贵的思政教育资源，引导我们树立正确的投资理念和价值观。

技能点2 出售股票

一、业务描述

2023年3月25日，闽潇服饰公司董事会同意出售2022年11月12日购入的建新实业的股票。建新实业公允价值变动期初值为60 000元。

二、业务流程

出售股票业务流程							
职位＼流程	流程1	流程2	流程3	流程4	流程5	流程6	流程7
业务部门			出售股票，取得交割单				
公司负责人	董事会开会	审批					
会计主管				审核		审核	
总账会计					编制记账凭证		
出纳							登记其他资金明细账
成本会计							登记交易性金融资产等明细账

三、实训资料

（一）交割单对账单

华夏证券无锡东四营业部　交割单对账单

客户编号：38887576　　名称：无锡闽潇服饰有限公司　　对账日期：2023-03-25　　打印柜员：1028

资金信息：

币种	资金余额	可用金额	可取现金	资产总值
人民币	372 863.75	372 863. 75	372 863.75	987 368.70

流水明细：

日期	币种	业务标志	证券名称	证券代码	发生数量	成交均价	佣金	印花税	其他费用	收付金额	资金余额	备注
2022-11-12	人民币	股票买入	建新实业	600129	40 000	15.50	1 200.00			-621 200.00	260 000.00	
2023-03-24	人民币	股票买入	顺心科技	300925	10 000	25.05	636.25			-251 136.25	8 863.75	
2023-03-25	人民币	股票卖出	建新实业	600129	20 000	18.20				364 000.00	372 863.75	

股票汇总资料

证券名称	证券代码	当前数	可用数	最低价	市值	币种
顺心科技	300925	10 000	10 000	25.05	250 500.00	人民币
建新实业	600129	20 000	20 000	18.20	364 000.00	人民币

（二）会计分录（业务37）

摘要	会计分录			
	总账科目	明细科目	借方金额	贷方金额

四、财税平台操作流程

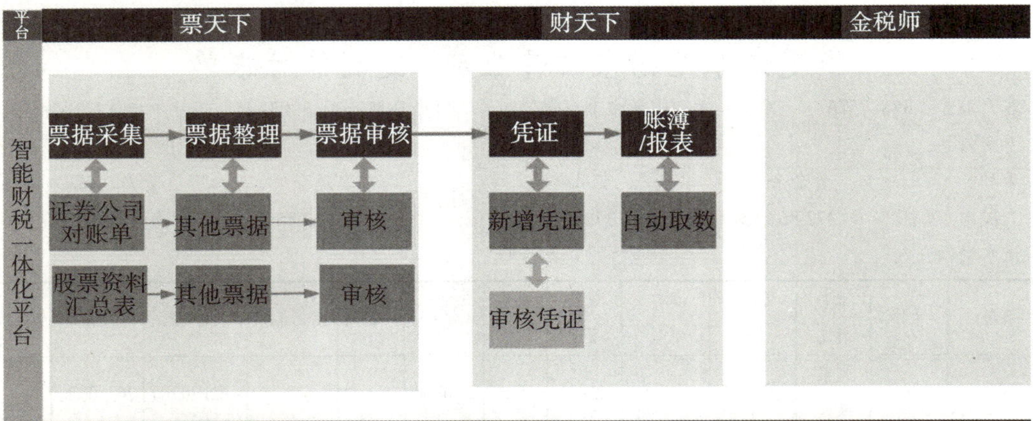

出售股票业务平台流程图

五、实训注意事项

1. 必须了解股票市场，才能合理地出售股票。

2. 资产负债表日，交易性金融资产的公允价值高于其账面余额的差额，借记“交易性金融资产（公允价值变动）”科目，贷记“公允价值变动损益”科目；公允价值低于其账面余额的差额，做相反的会计分录。本案例中建新实业公允价值变动期初值为60 000元。

3. 出售交易性金融资产时，应按实际收到的金额，借记“银行存款”等科目，按该项交易性金融资产的成本，贷记“交易性金融资产（成本）”科目，按该项交易性金融资产的公允价值变动，贷记或借记“交易性金融资产（公允价值变动）”科目，按其差额，贷记或借记“投资收益”科目。

技能点3 收到员工违纪罚款

一、业务描述

2023年3月26日，闽潇服饰公司收到员工刘红军违纪罚款现金200元。

二、业务流程

收到员工违纪罚款业务流程						
流程 职位	流程 1	流程 2	流程 3	流程 4	流程 5	流程 6
业务部门						
公司负责人						
会计主管			核准		审核	
总账会计				编制记账凭证		登记营业外收入明细账
出纳	现金收款	开出收据				登记现金日记账
成本会计						

三、实训资料

（一）收款收据

现金收据单

2023 年 03 月 26 日

付款人	刘红军		收款金额	人民币贰佰元整	
收款原因	违纪罚款				
付款人签名	刘红军	制单人	陈立	批准人	李梁

主管领导：罗兴　　财务负责人：陈立　　部门负责人：李梁

（二）会计分录（业务 38）

摘要	会计分录			
	总账科目	明细科目	借方金额	贷方金额

四、财税平台操作流程

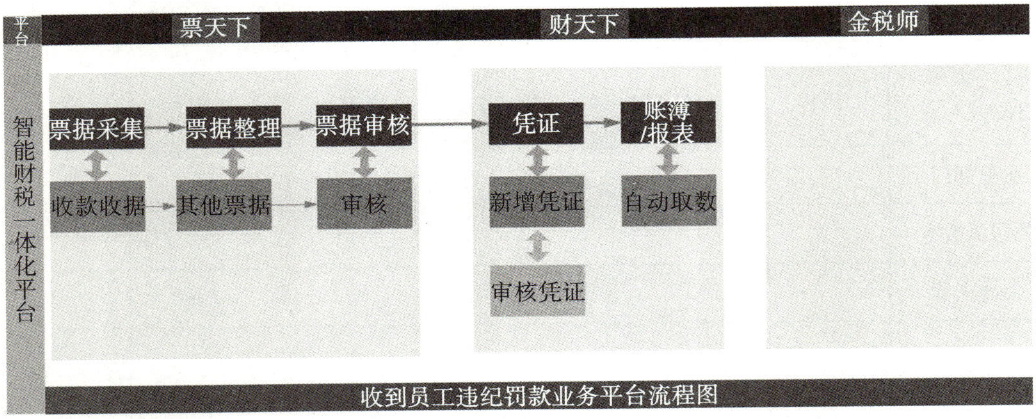

收到员工违纪罚款业务平台流程图

五、实训注意事项

1. 收到的员工违纪罚款计入营业外收入。
2. 需要注意罚款的收取方式。

技能点4 捐赠支出

一、业务描述

2023年3月26日，闽潇服饰公司通过中国教育发展基金会向贫困地区捐赠助学金10 000元。

二、业务流程

对外捐赠业务流程								
流程 职位	流程1	流程2	流程3	流程4	流程5	流程6	流程7	流程8
业务部门	签订捐赠协议							
公司负责人		批准						
会计主管				审核			审核	
总账会计					取得捐赠发票	编制记账凭证		
出纳			签发支票，通过银行转账捐赠					登记日记账
成本会计								登记营业外支出明细账

三、实训资料

（一）转账支票

中国银行
转账支票存根
10403220
98181819

附加信息

出票日期：2023年03月26日

收 款 人：	中国教育发展基金会北京分会
金　　额：	¥10 000.00
用　　途：	捐赠助学金

单位主管　陈立　　会计　林华

付款期限自出票之日起十天

中国银行　转账支票　10403220 98181819

出票日期（大写）贰零贰叁年零叁月贰拾陆日　付款行名称：中国银行无锡梁溪支行

收款人：中国教育发展基金会北京分会　出票人账号：41864409937929

人民币（大写）	亿	千	百	十	万	千	百	十	元	角	分
壹万元整				¥	1	0	0	0	0	0	0

用途捐赠助学金　密码：6924372368633245

上列款项请从

我账户内支付

出票人签章　无锡闽潇服饰有限公司 财务专用章　印 罗兴

复核　记账

（二）公共事业捐赠统一票据

公共事业捐赠统一票据

UNIFIED INVOICE OF DONATION FOR PUBLIC WELFARE

国财　2023年03月26日　No 22448280

捐赠人Donor：无锡闽潇服饰有限公司　Y　M　D

捐赠项目 For purpose	实物（外币）种类 Material object（curency）	数量 Amount	金额 Total amount
助学金	人民币		10 000.00
金额（小写）	¥10 000.00		
金额（大写）	壹万元整		

第二联　收据

中国教育发展基金会 财务专用章

（三）会计分录（业务39）

摘要	会计分录			
	总账科目	明细科目	借方金额	贷方金额

四、财税平台操作流程

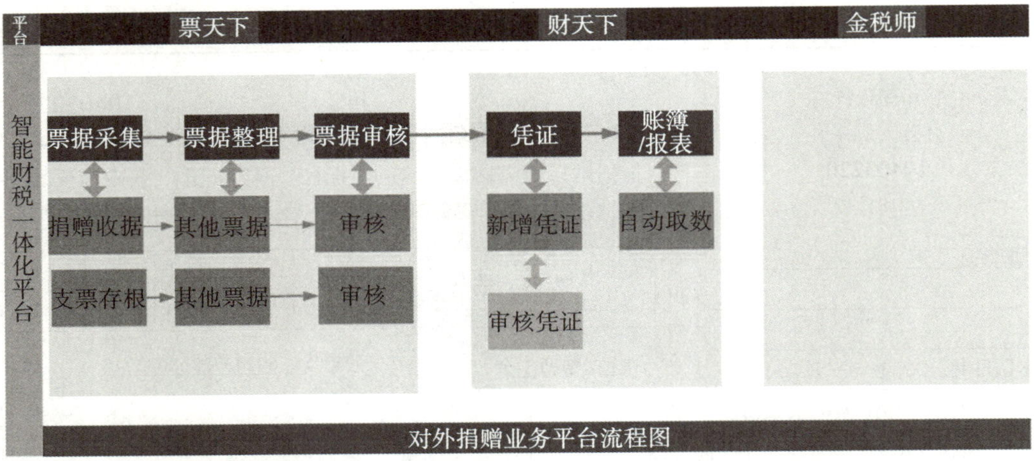

五、实训注意事项

1. 捐赠要有相应的流程，同时也是需要审查和审批的。

2. 企业通过公益性社会组织或者县级（含县级）以上人民政府及其组成部门和直属机构，用于慈善活动、公益事业的捐赠支出，年度利润总额12%以内的部分，准予在计算应纳税所得额时扣除；超过年度利润总额12%的部分，准予结转以后3年内在计算应纳税所得额时扣除。

（1）扣除资格

公益性社会组织，应当依法取得公益性捐赠税前扣除资格。由财政、税务、民政等部门结合社会组织登记注册、公益活动情况联合确认该资格，并以公告形式发布名单。

（2）扣除凭据

公益性社会团体和县级以上人民政府及其组成部门和直属机构在接受捐赠时，应按照行政管理级次分别使用由财政部或省、自治区、直辖市财政部门印制的公益性捐赠票据，并加盖本单位公章。

（3）计算顺序

企业在对公益性捐赠支出计算扣除时，应先扣除以前年度结转的捐赠支出，再扣除当年发生的捐赠支出。

技能点5　现金盘盈

一、业务描述

2023年3月27日，闽潇服饰公司对库存现金实施清查，现金盘点中发现现金盘盈10元。

二、业务流程

现金盘盈业务流程								
流程 职位	流程1	流程2	流程3	流程4	流程5	流程6	流程7	流程8
业务部门			编制库存现金盘点报告表					
公司负责人	组建财产清查领导小组	清查小组制订现金盘点计划			清查小组核对	清查小组编制账存实存对比表		
会计主管								
总账会计							填制记账凭证	登记待处理财产损溢明细账
出纳			准备库存现金	监盘出纳清点现金				登记现金日记账
成本会计								

三、实训资料

（一）库存现金盘点报告表

库存现金盘点报告表

2023年03月27日

实存金额	账存金额	盘盈	盘亏	备注
14 393.63	14 383.63	10.00		

盘点人（签章）：林　华　　　　出纳员（签章）：卢婷裁

（二）会计分录（业务40）

摘要	会计分录			
	总账科目	明细科目	借方金额	贷方金额

四、财税平台操作流程

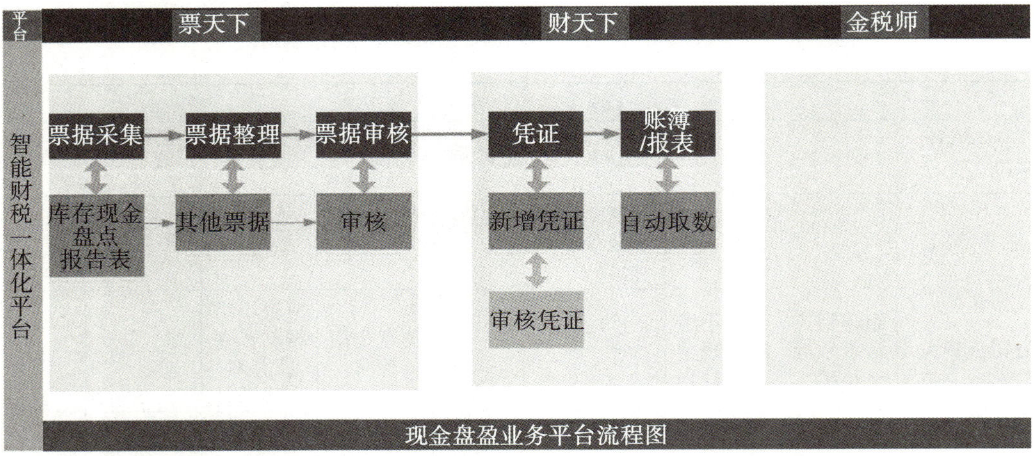

现金盘盈业务平台流程图

五、实训注意事项

1. 库存现金盘点属于财产清查业务，应根据企业财产清查规定执行。
2. 现金盘盈应记为待处理财产损溢。

技能点6　核销现金盘盈

一、业务描述

2023年3月28日，闽潇服饰公司的现金盘盈10元，其原因无法查明，经审批决定进行会计处理。

二、业务流程

核销现金盘盈业务流程					
流程 职位	流程1	流程2	流程3	流程4	流程5
业务部门					
公司负责人	清查小组提出处理建议	批准			
会计主管				审核	
总账会计			填制记账凭证		登记明细账
出纳					
成本会计					

三、实训资料

（一）现金盘盈审批处理决定

现金盘盈审批处理决定

现金盘盈10元作为盘盈利得，经批准准予处理。

无锡闽潇服饰有限公司
财务专用章

无锡闽潇服饰有限公司
2023年03月28日

（二）会计分录（业务41）

摘要	会计分录			
	总账科目	明细科目	借方金额	贷方金额

四、财税平台操作流程

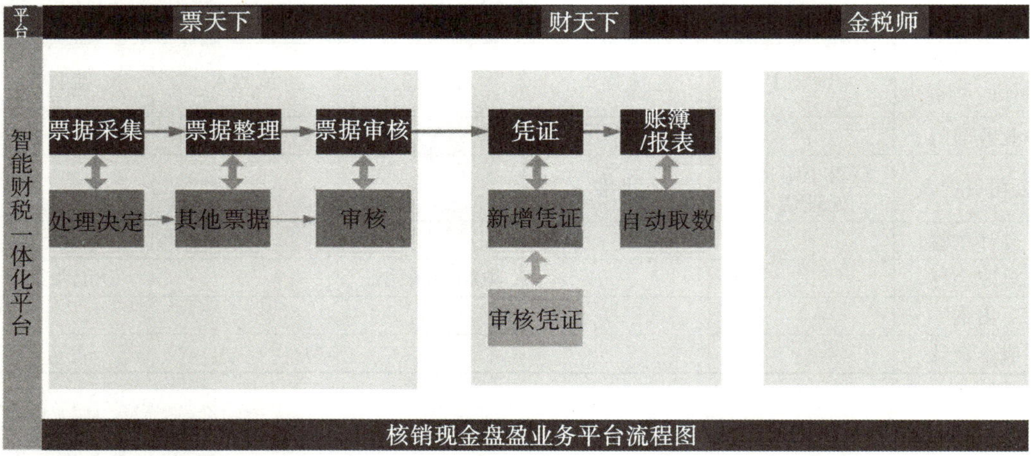

五、实训注意事项

遇到现金盘盈原因无法查明的情况时，需要经领导审批并出具单位的处理意见，根据审批意见进行会计处理。

技能点7　支付委托加工费

一、业务描述

2023年3月28日，闽潇服饰公司通过银行转账支付无锡荣顺服饰有限责任公司委托加工费2 712.00元（含税金312.00元）。

二、业务流程

支付委托加工费业务流程											
流程 职位	流程1	流程2	流程3	流程4	流程5	流程6	流程7	流程8	流程9	流程10	流程11
业务部门	填制支票委托加工费支付申请书		提交支票支付申请书				交付给业务经办人				

续表

支付委托加工费业务流程											
职位＼流程	流程1	流程2	流程3	流程4	流程5	流程6	流程7	流程8	流程9	流程10	流程11
公司负责人		审批									
会计主管				审核		审核				审核	
总账会计								取得加工费发票	编制记账凭证		
出纳					签发支票						登记日记账
成本会计											登记相关明细账

三、实训资料

（一）转账支票

中国银行
转账支票存根
10403220
98181820

附加信息

出票日期：2023年03月28日

收款人：无锡荣顺服饰有限责任公司

金　额：¥2 712.00

用　途：支付委托加工费

单位主管　陈立　　会计　林华

10403220

中国银行　转账支票　98181820

付款期限自出票之日起十天

出票日期（大写）贰零贰叁年零叁月贰拾捌日　付款行名称：中国银行无锡梁溪支行

收款人：无锡荣顺服饰有限责任公司　出票人账号：41864409937929

人民币（大写）	亿	千	百	十	万	千	百	十	元	角	分
贰仟柒佰壹拾贰元整					¥	2	7	1	2	0	0

用途支付委托加工费　密码：2188964462406606

上列款项请从

我账户内支付

出票人签章　无锡闽潇服饰有限公司　财务专用章　　罗兴印

复核　　记账

（二）增值税专用发票

江苏增值税专用发票

3200151140　　　　发票联　　　　№86806959

开票日期：2023年03月28日

购买方	名　　　称：无锡闽潇服饰有限公司 纳税人识别号：913501046307045023 地 址、电 话：江苏省无锡市梁溪区首秀路3号0510-90102394 开户行及账号：中国银行无锡梁溪支行41864409937929	密码区	1 72312- -4- -275 < 1+46*54* 82*59* 181321 >< 8 182* 59*09618153 < / <4<3*2702-9>9*+153</0>2--3 *08/4> *>> 2- 3*0/9/ , >> 25- -275 < 1

货物或应税劳务、服务名称	规格型号	单位	数　量	单　价	金　额	税率	税　额
*加工费			120	20.00	2 400.00	13%	312.00
合　计					¥2 400.00		¥312.00
价税合计（大写）	⊗贰仟柒佰壹拾贰元整					（小写）¥2 712.00	

销售方	名　　　称：无锡荣顺服饰有限责任公司 纳税人识别号：91320101M376029807 地 址、电 话：无锡市亿玉路796号80572761 开户行及账号：工行无锡市鸿盈路支行6309576326548615413	备注	校验码72118 02817 08248 65199

收款人：崔增辉　　复核：高义鹤　　开票人：黄欣怡　　销售方（章）

第三联 发票联 购买方记账凭证

（三）委托加工协议

委托加工协议书

甲方（委托方）：无锡闽潇服饰有限公司　　　　乙方（受托方）：无锡荣顺服饰有限责任公司

甲、乙双方在平等、互利、自愿的基础上经协商，就甲方用300米棉布委托乙方加工生产120件男T恤事宜，达成如下协议：

一、甲方责任

1.甲方负责提供委托加工产品的技术和质量文件，包括生产工艺、质量控制、质量标准、包装要求等。

2.甲方在2023年3月28日负责向乙方提供委托加工产品所需的全部材料，并向乙方提供相关的技术支持。

3.甲方有权对乙方的生产标准、产品质量进行检验监督，并提出意见和建议。甲乙双方根据确定的标准进行生产和验收。

二、乙方责任

1.乙方负责按照甲方提供的产品质量标准提供合格的产品，并负责生产过程及质量控制。

2.乙方不得将产品授权第三方代为加工。

3.乙方所加工生产甲方委托之产品，不得自行加工销售，不得利用甲方产品技术自行进行同类产品研发。

三、加工费及付款方式

1.加工费每件20元，共120件，含税总额2 712.00元，乙方应开具增值税专用发票给甲方。

2.加工费等款项结算采用银行转账，于协议签订日付完所有的费用。

四、其他

1.本协议未尽事宜，由双方协商解决，协商不成，任何一方可向该协议履行地人民法院起诉。

2.本协议有效期一年，自双方签署之日起生效，期间任何一方有违约行为，另一方有权终止本协议，并保留法律追诉权。

3.本协议一式四份，甲乙双方各执两份，同具法律效力。

无锡荣顺服饰有限责任公司（盖章）　　　　无锡闽潇服饰有限公司（盖章）

2023年03月28日　　　　2023年03月28日

（四）会计分录（业务42）

摘要	会计分录			
	总账科目	明细科目	借方金额	贷方金额

四、财税平台操作流程

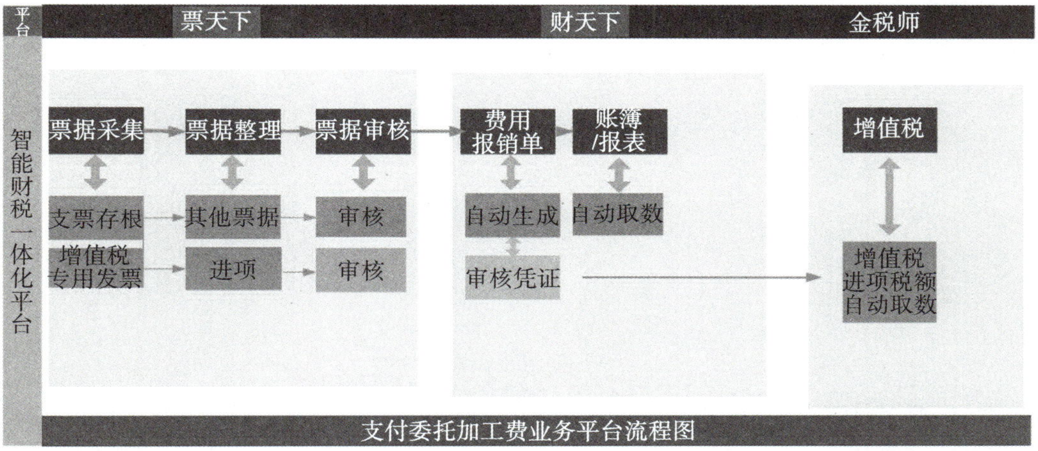

五、实训注意事项

1. 委托加工费指委托方为加工生产产品而向受托方支付的加工费。

2. 委托加工物资是指企业委托外单位加工成新的材料或包装物、低值易耗品等的物资。

3. 委托加工物资的成本应当包括加工中实际耗用物资的成本、支付的加工费用及应负担的运杂费、支付的税金等。

4. 委托加工发出原材料成本采用全月一次加权平均方法计算，生产成本明细账中发出材料只登记数量，不登记金额，待月末计算后再填入金额。

项目四

成本核算

任务一　固定资产折旧、分配水电费业务

技能点1　计提本月固定资产折旧

一、业务描述

2023年3月31日，闽潇服饰公司计提本月固定资产折旧。

二、业务流程

计提固定资产折旧业务流程					
职位＼流程	流程1	流程2	流程3	流程4	流程5
业务部门					
公司负责人					
会计主管		审核		审核	
总账会计			填制记账凭证		
出纳					
成本会计	编制固定资产折旧表				登记成本费用明细账

三、实训资料

（一）固定资产折旧汇总表

固定资产折旧汇总表

2023年03月31日　　金额单位：元

使用部门	类别	原值	月折旧率或单位折旧	折旧额
办公室	房屋及建筑物	5 000 000.00	0.004	20 000.00
生产车间	房屋及建筑物	2 000 000.00	0.004	8 000.00
生产车间	生产设备	500 000.00	0.008	4 000.00
生产车间	生产设备	1 000 000.00	0.008	8 000.00
办公室	运输工具	300 000.00	0.020	6 000.00
办公室	办公家具	60 000.00	0.016	960.00
办公室	电子设备	20 025.00	0.0267	534.00
合计				47 494.00

（二）会计分录（业务43）

摘要	会计分录			
	总账科目	明细科目	借方金额	贷方金额

四、财税平台操作流程

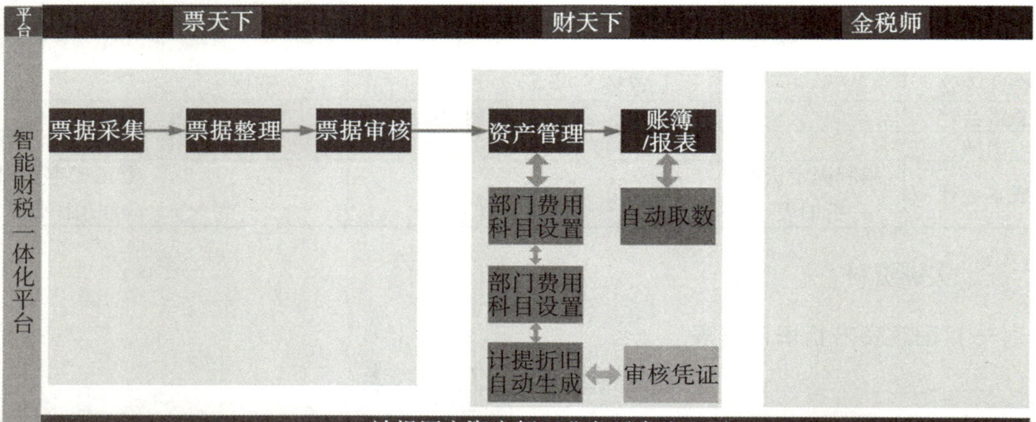

计提固定资产折旧业务平台流程图

五、实训注意事项

1. 企业会计准则规定企业应当对所有固定资产计提折旧。但是，已提足折旧仍继续使用的固定资产和单独计价入账的土地除外。

2. 企业应当根据与固定资产有关的经济利益的预期实现方式，合理选择固定资产折旧方法。可选用的折旧方法有年限平均法、工作量法、双倍余额递减法和年数总和法等。

3. 固定资产的折旧方法一经确定，不得随意变更。但是，企业至少应当于每年年度终了，对固定资产的折旧方法进行复核。与固定资产有关的经济利益预期实现方式有重大改变的，应当改变固定资产折旧方法。

技能点2　分配本月水费

一、业务描述

2023年3月31日，闽潇服饰公司通过银行转账向江苏水务股份有限公司支付水费及污水处理费，并依受益原则在各部门之间按实际用量分配本月水费。

二、业务流程

分配本月水费业务流程						
流程 职位	流程1	流程2	流程3	流程4	流程5	流程6
业务部门						
公司负责人						
会计主管	审核增值税专用发票、各部门用水量记录和托收凭证付款通知			审核各部门用水分配表	填制记账凭证	
总账会计						登记银行存款日记账
出纳		登记银行付款结算凭证登记簿				登记成本明细账
成本会计			编制各部门用水分配表			

三、实训资料

（一）水费分配表

水费分配表

2023年03月31日　　单位：元

使用部门	分配金额
办公室	827.67
财务部	413.83
采购部	1 241.50
销售门市部	209.94
生产车间	4 883.26
合计	7 576.20

（二）增值税发票

3200221140　　**江苏增值税专用发票**　　№44007723

国家税务总局　发票联

开票日期：2023年03月31日

购买方	名　　称：无锡闽潇服饰有限公司 纳税人识别号：913501046307045023 地 址、电 话：江苏省无锡市梁溪区首秀路3号0510-90102394 开户行及账号：中国银行无锡梁溪支行41864409937929				密码区	4**63>77464156%371-1*#>1%%-7 11>4>>6*43607>7>>7- -83*82%42* 644147835->9>-%71%7->*4%14#9 -4#709634%- -63*%*2>9>- 651-*->		
货物或应税劳务、服务名称	规格型号	单位	数量	单价	金额	税率	税额	
*自来水		吨	1 830	2.39	4 373.70	9%	393.63	
合　计					¥4 373.70		¥393.63	
价税合计（大写）	⊗肆仟柒佰陆拾柒元叁角叁分					（小写）¥4 767.33		
销售方	名　　称：江苏水务股份有限公司 纳税人识别号：91320102M950081915 地 址、电 话：江苏省南京市玄武区豪丰路174号025-37309897 开户行及账号：工行南京玄武区福盈路支行6873499408339205256				备注	校验码50118 02817 08248 65199		

江苏水务股份有限公司 91320102M950081915 发票专用章

收款人：邱长江　　复核：王　丽　　开票人：郭　婷　　销售方（章）

第三联 发票联 购买方记账凭证

3200221140　　**江苏增值税普通发票**　　№39609472

国家税务总局　发票联

开票日期：2023年03月31日

购买方	名　　称：无锡闽潇服饰有限公司 纳税人识别号：913501046307045023 地 址、电 话：江苏省无锡市梁溪区首秀路3号0510-90102394 开户行及账号：中国银行无锡梁溪支行41864409937929				密码区	172312- -4- -275< 1+46*54* 82*59* 181321> < 8182* 59*09618153 < / < 4< 3*2702- 9> 9*+153</0 > 2- -3 *08/4> **> > 2- -3*0/9/> > 25- -275 <1		
货物或应税劳务、服务名称	规格型号	单位	数量	单价	金额	税率	税额	
*污水处理劳务		吨	1 830	1.75	3 202.50	免税	***	
合　计					¥3 202.50			
价税合计（大写）	⊗叁仟贰佰零贰元伍角整					（小写）¥3 202.50		
销售方	名　　称：江苏水务股份有限公司 纳税人识别号：91320102M950081915 地 址、电 话：江苏省南京市玄武区豪丰路174号025-37309897 开户行及账号：工行南京玄武区福盈路支行6873499408339205256				备注	校验码52118 02817 08248 05199		

江苏水务股份有限公司 91320102M950081915 发票专用章

收款人：邱长江　　复核：王　丽　　开票人：郭　婷　　销售方（章）

第二联 发票联 购买方记账凭证

（三）银行回单

中国银行　　凭证

业务回单(付款)

日期：2023年03月31日　　回单编号：2421922001

付款人户名：无锡闽潇服饰有限公司　　付款人开户行：中国银行无锡梁溪支行

付款人账号（卡号）：41864409937929

收款人户名：江苏水务股份有限公司　　收款人开户行：工行南京玄武区福盈路支行

收款人账号（卡号）：6873499408339205256

金额：柒仟玖佰陆拾玖元捌角叁分　　小写：¥7 969.83元

业务（产品）种类：　　凭证种类：6663010378　　凭证号码：23432219514321977

摘要：水费　　用途：13664　　币种：人民币

交易机构：7134421435　　记账柜员：　　交易代码：71567　　渠道：6873499408339205256

中国银行无锡梁溪支行 电子回单专用章

本回单为第1次打印，注意重复 打印日期：2023年03月31日 打印柜员：　　验证码：872716134364

（四）会计分录（业务44）

摘要	会计分录			
	总账科目	明细科目	借方金额	贷方金额

四、财税平台操作流程

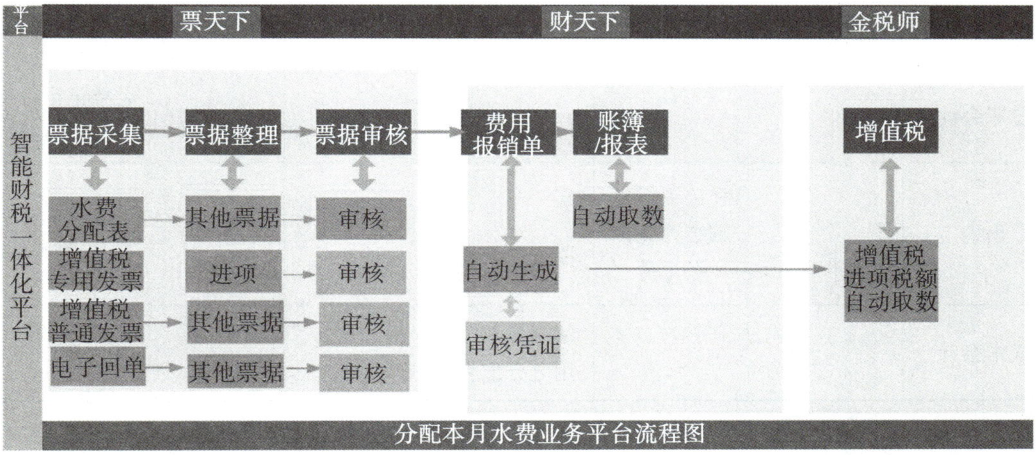

分配本月水费业务平台流程图

五、实训注意事项

1. 取得的水费发票为增值税专用发票，支付的增值税不能计入各部门负担的水费中。
2. 某部门的水费分配额=某部门用水量×水单价（不含增值税）。
3. 填制记账凭证时应注意生产产品耗用的水费应记入各产品生产成本明细账中的“直接材料成本”项目。

技能点3 分配本月电费

一、业务描述

2023年3月31日，闽潇服饰公司根据受益原则，按照用电量在各部门之间分配电费，电费前期已预交。

二、业务流程

分配本月电费业务流程						
流程 职位	流程1	流程2	流程3	流程4	流程5	流程6
业务部门						
公司负责人						
会计主管	审核增值税专用发票、各部门用水量记录和托收凭证付款通知			审核各部门用电分配表	填制记账凭证	
总账会计						登记银行存款日记账
出纳		登记银行付款结算凭证登记簿				登记成本明细账
成本会计			编制各部门用电分配表			

三、实训资料

（一）电费分配表

电费分配表

2023年03月31日 单位：元

使用部门	分配金额
办公室	430.75
财务部	689.20
采购部	516.90
销售门市部	861.50
生产车间	8 011.51
合计	10 509.86

（二）增值税专用发票

3200191140 江苏增值税专用发票 №51860990

国家税务总局 发票联

开票日期：2023年03月31日

购买方
名 称：无锡闽潇服饰有限公司
纳税人识别号：913501046307045023
地 址、电 话：江苏省无锡市梁溪区首秀路3号0510-90102394
开户行及账号：中国银行无锡梁溪支行41864409937929

密码区
78%1>>04430>-771-09>#8#6*--99
9##--1426*42>>103%%901#23751>
8--27%2-#>->#*--5#77--489--4877
>6#*5*%>0323*8--7-5421796#3*-->

货物或应税劳务、服务名称	规格型号	单位	数量	单价	金额	税率	税额
*供电*电费		度	12 223.77	0.86	10 509.86	13%	1 366.28
合 计					¥10 509.86		¥1 366.28

价税合计（大写） ⊗壹万壹仟捌佰柒拾陆元壹角肆分 （小写）¥11 876.14

销售方
名 称：无锡电力股份有限公司
纳税人识别号：91320101M771638026
地 址、电 话：江苏省无锡市宇朗路985号0510-62089352
开户行及账号：工行无锡赛唯路支行4079960511050419536

备注 校验码 22118 02817 08248 65199

（印章：无锡电力股份有限公司 91320101M771638026 发票专用章）

第三联 发票联 购买方记账凭证

收款人：陈以修 复核： 开票人：李梓涵 销售方（章）

（三）会计分录（业务45）

摘要	会计分录			
	总账科目	明细科目	借方金额	贷方金额

四、财税平台操作流程

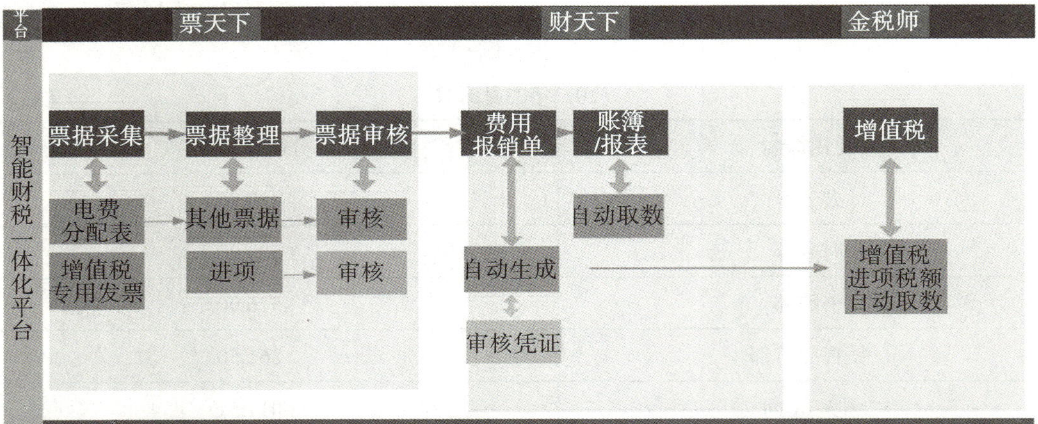

分配本月电费业务平台流程图

五、实训注意事项

1. 管理部门发生的水电费均计入管理费用。
2. 取得的电费发票为增值税专用发票的，支付的增值税不能计入各部门负担的电费中。
3. 某部门电费的分配额=某部门的用电量×电单价（不含增值税）。

任务二 职工薪酬业务

技能点1 分配本月职工薪酬

一、业务描述

2023年3月31日，闽潇服饰公司计提本月工资、社会保险费、住房公积金，其中车间生产工人工资、社会保险费、住房公积金按生产工时比例进行分配。

二、业务流程

计提工资业务流程																
流程 职位	流程1	流程2	流程3	流程4	流程5	流程6	流程7	流程8	流程9	流程10	流程11	流程12	流程13	流程14	流程15	流程16
业务部门	编制工资发放通知单										工资卡、工时产量记录、出勤记录					
公司负责人		审批														
会计主管				审核		审核		审核					审核		审核	
总账会计							编制记账凭证							编制记账凭证		
出纳					办理银行转账				登记日记账							
成本会计			编制工资发放汇总表							登记应付职工薪酬明细账		月末编制职工薪酬分配表				登记成本费用明细账

三、实训资料

（一）职工薪酬分配表

工资费用分配表				
受益对象	产品名称	分配标准（工时）	分配率	分配金额（元）
生产车间	生产成本–男衬衫	1 400.00		
	生产成本–女衬衫	1 200.00		
	生产成本–男T恤	1 500.00		
	生产成本–女T恤	1 500.00		
	小计	5 600.00		
车间管理人员	—	—		
管理人员	—	—		
销售人员	—	—		
合计				

社会保险费分配表

受益对象	产品名称	分配标准（工时）	分配率	分配金额（元）
生产车间	生产成本-男衬衫	1 400.00		
	生产成本-女衬衫	1 200.00		
	生产成本-男T恤	1 500.00		
	生产成本-女T恤	1 500.00		
	小计	5 600.00		
车间管理人员	—	—		
管理人员	—	—		
销售人员	—	—		
合计				

住房公积金分配表

受益对象	产品名称	分配标准（工时）	分配率	分配金额（元）
生产车间	生产成本-男衬衫	1 400.00		
	生产成本-女衬衫	1 200.00		
	生产成本-男T恤	1 500.00		
	生产成本-女T恤	1 500.00		
	小计	5 600.00		
车间管理人员	—	—	—	
管理人员	—	—	—	
销售人员	—	—	—	
合计				

（二）工资明细表

工资明细表

2023年3月　　单位：元

序号	部门	姓名	职位	科目	应付工资	个人负担社保及公积金：养老保险8%	个人负担社保及公积金：医疗保险2%	个人负担社保及公积金：失业保险0.5%	个人负担社保及公积金：住房公积金12%	个人负担社保及公积金：个人缴交合计	个人所得税	实发工资	单位负担社保及公积金：养老保险16%	单位负担社保及公积金：医疗保险8%	单位负担社保及公积金：失业保险0.5%	单位负担社保及公积金：工伤保险1.8%	单位负担社保及公积金：生育保险0.7%	单位负担社保及公积金：住房公积金12%	单位负担社保及公积金：单位缴交合计
1	办公室	黄小龙	办公室主任	管理费用	10 000.00	800.00	200.00	50.00	1 200.00	2 250.00	82.50	7 667.50	1 600.00	800.00	50.00	180.00	70.00	1 200.00	3 900.00
2	办公室	罗兴	总经理		7 000.00	560.00	140.00	35.00	840.00	1 575.00	12.75	5 412.25	1 120.00	560.00	35.00	126.00	49.00	840.00	2 730.00
3	办公室	林文	办公室管理员		3 500.00	280.00	70.00	17.50	420.00	787.50		2 712.50	560.00	280.00	17.50	63.00	24.50	420.00	1 365.00
4	财务部	陈立	会计主管		5 500.00	440.00	110.00	27.50	660.00	1 237.50		4 262.50	880.00	440.00	27.50	99.00	38.50	660.00	2 145.00
5	财务部	卢婷裁	资金出纳		3 800.00	304.00	76.00	19.00	456.00	855.00		2 945.00	608.00	304.00	19.00	68.40	26.60	456.00	1 482.00
6	财务部	林华	总账会计		3 500.00	280.00	70.00	17.50	420.00	787.50		2 712.50	560.00	280.00	17.50	63.00	24.50	420.00	1 365.00
7	财务部	许娟	成本会计		3 500.00	280.00	70.00	17.50	420.00	787.50		2 712.50	560.00	280.00	17.50	63.00	24.50	420.00	1 365.00
8	采购部	陈勇	采购员		5 500.00	440.00	110.00	27.50	660.00	1 237.50		4 262.50	880.00	440.00	27.50	99.00	38.50	660.00	2 145.00
9	采购部	李蠡	仓库主管		4 800.00	384.00	96.00	24.00	576.00	1 080.00		3 720.00	768.00	384.00	24.00	86.40	33.60	576.00	1 872.00
合计					47 100.00	3 768.00	942.00	235.50	5 652.00	10 597.50	95.25	36 407.25	7 536.00	3 768.00	235.50	847.80	329.70	5 652.00	18 369.00
10	销售门市部	李梁	销售经理	销售费用	6 000.00	480.00	120.00	30.00	720.00	1 350.00		4 650.00	960.00	480.00	30.00	108.00	42.00	720.00	2 340.00
11	销售门市部	薛东	销售管理员		4 800.00	384.00	96.00	24.00	576.00	1 080.00		3 720.00	768.00	384.00	24.00	86.40	33.60	576.00	1 872.00
合计					10 800.00	864.00	216.00	54.00	1 296.00	2 430.00		8 370.00	1 728.00	864.00	54.00	194.40	75.60	1 296.00	4 212.00
12	生产车间	程梦	生产车间主任	制造费用	6 000.00	480.00	120.00	30.00	720.00	1 350.00		4 650.00	960.00	480.00	30.00	108.00	42.00	720.00	2 340.00
13	生产车间	刘新	车间核算员		3 500.00	280.00	70.00	17.50	420.00	787.50		2 712.50	560.00	280.00	17.50	63.00	24.50	420.00	1 365.00
14	生产车间	刘红军	生产质检		3 500.00	280.00	70.00	17.50	420.00	787.50		2 712.50	560.00	280.00	17.50	63.00	24.50	420.00	1 365.00
合计					13 000.00	1 040.00	260.00	65.00	1 560.00	2 925.00		10 075.00	2 080.00	1 040.00	65.00	234.00	91.00	1 560.00	5 070.00
15	生产车间	薛飞	车间工人	生产成本	3 500.00	280.00	70.00	17.50	420.00	787.50		2 712.50	560.00	280.00	17.50	63.00	24.50	420.00	1 365.00
16	生产车间	陈宁	车间工人		3 500.00	280.00	70.00	17.50	420.00	787.50		2 712.50	560.00	280.00	17.50	63.00	24.50	420.00	1 365.00
17	生产车间	王妹娟	车间工人		3 500.00	280.00	70.00	17.50	420.00	787.50		2 712.50	560.00	280.00	17.50	63.00	24.50	420.00	1 365.00
18	生产车间	刘红琴	车间工人		3 500.00	280.00	70.00	17.50	420.00	787.50		2 712.50	560.00	280.00	17.50	63.00	24.50	420.00	1 365.00
19	生产车间	徐丽丽	车间工人		3 500.00	280.00	70.00	17.50	420.00	787.50		2 712.50	560.00	280.00	17.50	63.00	24.50	420.00	1 365.00
20	生产车间	许如	车间工人		3 500.00	280.00	70.00	17.50	420.00	787.50		2 712.50	560.00	280.00	17.50	63.00	24.50	420.00	1 365.00
21	生产车间	周传	车间工人		3 500.00	280.00	70.00	17.50	420.00	787.50		2 712.50	560.00	280.00	17.50	63.00	24.50	420.00	1 365.00
22	生产车间	郑炜	车间工人		3 500.00	280.00	70.00	17.50	420.00	787.50		2 712.50	560.00	280.00	17.50	63.00	24.50	420.00	1 365.00
23	生产车间	张贤	车间工人		3 500.00	280.00	70.00	17.50	420.00	787.50		2 712.50	560.00	280.00	17.50	63.00	24.50	420.00	1 365.00
合计					31 500.00	2 520.00	630.00	157.50	3 780.00	7 087.50		24 412.50	5 040.00	2 520.00	157.50	567.00	220.50	3 780.00	12 285.00
总计					102 400.00	8 192.00	2 048.00	512.00	12 288.00	23 040.00	95.25	79 264.75	16 384.00	8 192.00	512.00	1 843.20	716.80	12 288.00	39 936.00

（三）会计分录（业务46）

1. 计提工资的会计分录

摘要	会计分录			
	总账科目	明细科目	借方金额	贷方金额

2. 计提社会保险费的会计分录

摘要	会计分录			
	总账科目	明细科目	借方金额	贷方金额

3. 计提住房公积金的会计分录

摘要	会计分录			
	总账科目	明细科目	借方金额	贷方金额

四、财税平台操作流程

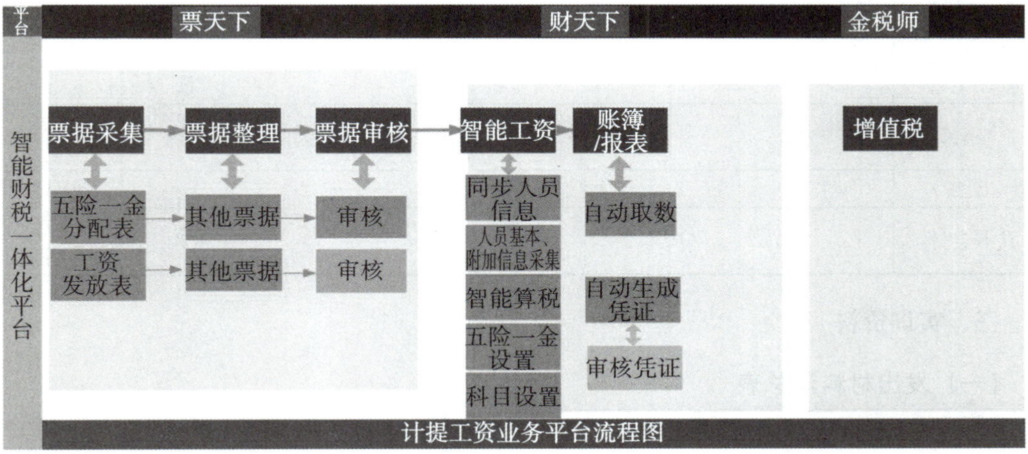

五、实训注意事项

1. 计提本月工资、社会保险费、住房公积金，需要根据不同的员工种类借记不同的费用科目，例如，管理人员需要借记“管理费用”，生产线工人需要借记“生产成本”，销售人员需要借记“销售费用”。

2. 工资总额是指各企业在一定时期内直接支付给本单位全部职工的劳动报酬总额，由以下六个部分组成：计时工资、计件工资、奖金、津贴和补贴、加班费以及特殊情况下支付的工资。

任务三　计算结转完工成本

技能点 1　结转发出周转材料成本

一、业务描述

2023年3月31日，闽潇服饰公司结转发出周转材料成本。

二、业务流程

结转发出周转材料成本业务流程						
流程 职位	流程 1	流程 2	流程 3	流程 4	流程 5	流程 6
业务部门	提交采购发票等单据					
公司负责人		审批				
会计主管			审核		审核	
总账会计				填制记账凭证		
出纳						登记日记账
成本会计						登记应付票据等明细账

三、实训资料

（一）发出材料汇总表

发出材料汇总表

2023年03月31日　　　　金额单位：元

领料部门及用途	剪刀			包装箱			其他材料	合计
	数量	单价	金额	数量	单价	金额		
生产车间	20	80.00	1 600.00					1 600.00
合计	20		1 600.00					1 600.00

会计主管：陈立　　记账：林华　　保管：薛飞　　制表：林华

（二）会计分录（业务47）

摘要	会计分录			
	总账科目	明细科目	借方金额	贷方金额

四、财税平台操作流程

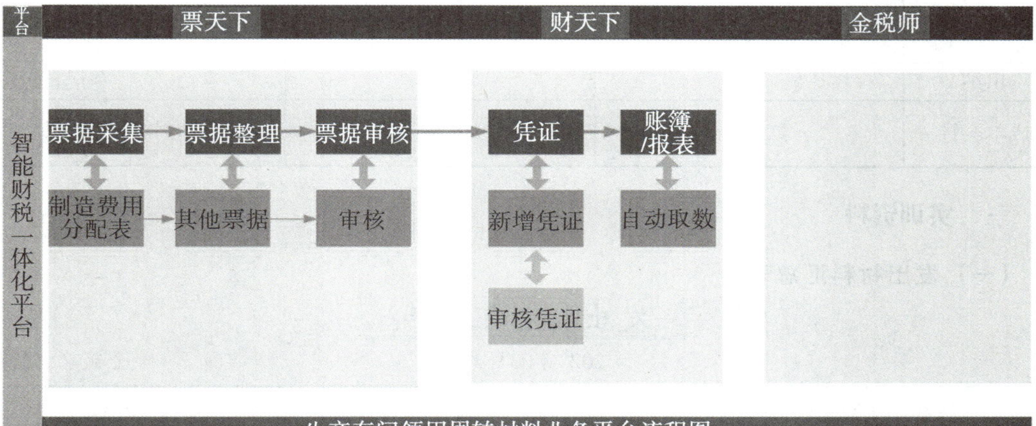

生产车间领用周转材料业务平台流程图

五、实训注意事项

1. 购入、自制、委托外单位加工完成验收入库的周转材料等，应当比照“原材料”科目相关规定进行处理。

2. 周转材料的摊销及报废：采用一次摊销法摊销，领用时按其账面价值记录。

3. 周转材料发出成本的计算采用全月一次加权平均单价，周转材料明细账如下：

周转材料–剪刀							金额单位：元	
日期	摘要	收入数量	收入金额	发出数量	发出金额	结存数量	结存金额	单价
2023.03.01	期初					100	8 000	80.00
2023.03.31	领用剪刀			20	80	80	6 400	80.00

技能点2　结转发出原材料成本

一、业务描述

2023年3月31日，闽潇服饰公司结转生产车间领用材料成本。

二、业务流程

结转发出周转材料成本业务流程						
职位＼流程	流程1	流程2	流程3	流程4	流程5	流程6
业务部门	提交采购发票等单据					
公司负责人		审批				
会计主管			审核		审核	
总账会计				填制记账凭证		
出纳						登记日记账
成本会计						登记应付票据等明细账

三、实训资料

（一）发出材料汇总表

发出材料汇总表

2023年03月31日　　　　金额单位：元

领料部门及用途	棉布			聚酯纤维			其他材料	合计
	数量	单价	金额	数量	单价	金额		
生产车间-男衬衫	2 400							
生产车间-女衬衫	2 100							
生产车间-男T恤				2 700.00				
生产车间-女T恤				2 700.00				
委托加工物资-男T恤	300							
合计	4 800			5 400.00				

会计主管：陈立　　记账：卢婷裁　　保管：李蠡　　制表：卢婷裁

（二）会计分录（业务48）

摘要	会计分录			
	总账科目	明细科目	借方金额	贷方金额

四、财税平台操作流程

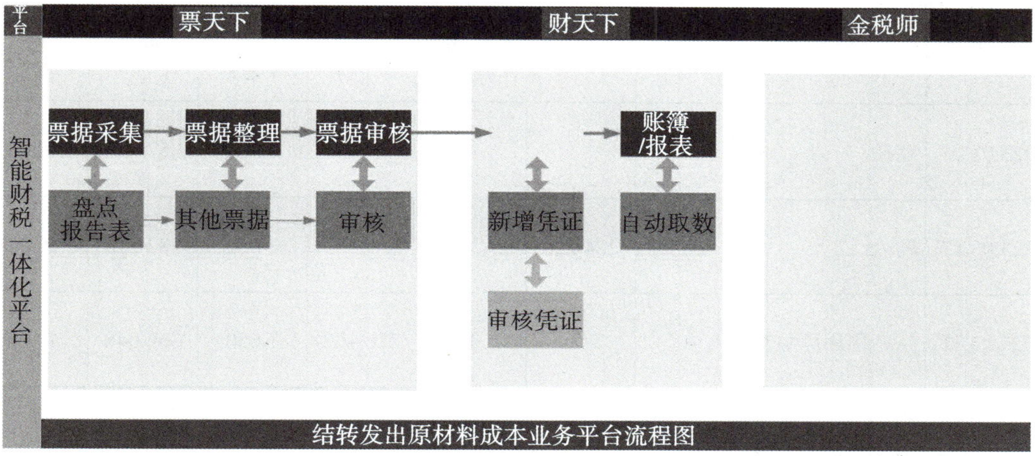

五、实训注意事项

1. 领用材料成本计算方法为数量乘以对应材料单价。

2. 目前企业经常使用的就是月末一次加权平均法。

棉布加权平均单价为：

全月一次加权平均单价=（43 530+199 950）÷（1 500+6 665）=29.82（元/米）

原材料——棉布明细账								
日期	摘要	入库数量（米）	入库金额（元）	出库数量（米）	出库金额（元）	结存数量（米）	结存金额（元）	单价（元/米）
2023.03.01	期初					1 500	43 530	29.82
2023.03.16	购入	6 665	19 9950			8 165	243 480	29.82
2023.03.21	销售原材料			500	14 910	7 665	228 570	29.82
2023.03.28	发出委托加工物资			300	8 946	7 365	219 624	29.82
2023.03.31	生产领用原材料			4 500	134 190	2 865	85 434	29.82

聚酯纤维加权平均单价为：

全月一次加权平均单价=（57 990+224 220）÷（1 500+5 550）=40.03（元/米）

原材料——聚酯纤维明细账								
日期	摘要	入库数量（米）	入库金额（元）	出库数量（米）	出库金额（元）	结存数量（米）	结存金额（元）	单价（元/米）
2023.03.01	期初					1 500	57 990	40.03
2023.03.17	购入	5 550	224 220			7 050	282 210	40.03
2023.03.31	生产领用原材料			5 400	216 162	1 650	66 048	40.03

技能点3 结转制造费用

一、业务描述

2023年3月31日，闽潇服饰公司按各产品生产工时比例分配结转制造费用。

二、业务流程

结转制造费用业务流程						
职位 \ 流程	流程1	流程2	流程3	流程4	流程5	流程6
业务部门	编制工时产量记录表	审核				
公司负责人						
会计主管			审核		审核	
总账会计				填制记账凭证		
出纳						
成本会计	登记制造费用明细账	编制制造费用分配表				登记成本费用明细账

三、实训资料

（一）制造费用分配表

制造费用分配表

车间：　　　　　　　　　　　　　年　月　日　　　　　　　　　　　　金额单位：元

产品名称	分配标准（生产工时）	分配总额	分配率	分配金额
合计				

制表：　　　　　　　　　　　　　审核：

（二）会计分录（业务49）

摘要	会计分录			
	总账科目	明细科目	借方金额	贷方金额

四、财税平台操作流程

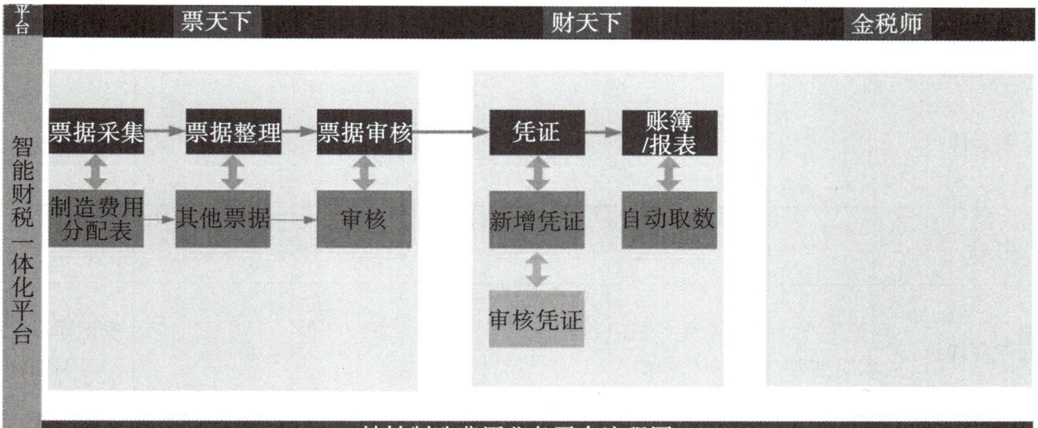

结转制造费用业务平台流程图

五、实训注意事项

1. 登记制造费用明细账时应注意：制造费用分配后，月末无余额。因此，在借或者贷栏填写“平”字，并在余额栏填写“0”。

2. 登记生产成本明细账时应注意，分配的制造费用应记入相应产品生产成本明细账中“制造费用”项目中。

技能点4 结转完工产品成本

一、业务描述

2023年3月31日，闽潇服饰公司结转完工产品成本。

生产费用在月末在产品和完工产品之间的分配采用约当产量法，原材料在第一道工序开始时一次投入，直接人工和制造费用的完工程度分工序按定额生产工时计算，月末在产品在本工序的完工程度均为50%。

二、业务流程

结转完工产品成本业务流程						
流程 职位	流程1	流程2	流程3	流程4	流程5	流程6
业务部门	编制产成品完工入库单	审核				
公司负责人						
会计主管			审核		审核	
总账会计				编制记账凭证		
出纳						
成本会计	登记生产成本明细账	编制生产成本计算单				登记库存商品等明细账

三、实训资料

（一）期末在产品约当产量计算表

期末在产品约当产量计算表

2023年03月31日

数量单位：件

工序	工序名称	男衬衫				女衬衫				男T恤				女T恤			
		定额工时（小时）	完工程度	期末在产品数量	在产品约当产量	定额工时（小时）	完工程度	期末在产品数量	在产品约当产量	定额工时（小时）	完工程度	期末在产品数量	在产品约当产量	定额工时（小时）	完工程度	期末在产品数量	在产品约当产量
1	裁剪	0.05				0.05				0.05				0.05			
2	锁边	0.08		1 350.00		0.08		1 800.00	337.50	0.08				0.08			
3	拼接	0.10		300.00		0.10		500.00	187.50	0.10				0.10			
4	装饰	0.10				0.11				0.12		1 900.00		0.12		1 900.00	
5	检测	0.07				0.09				0.11				0.11			
6	包装	0.05				0.05				0.06		1 900.00		0.06		1 900.00	
合计		0.45		1 650.00		0.48		2 300.00	525.00	0.52		3 800.00		0.52		3 800.00	

(二)产品成本计算表

产品成本计算表										
名称	成本项目	期初在产品成本	本期生产费用	生产费用合计	在产品约当产量	完工产量	当月生产合计	单位成本	完工总成本	在产品成本
男衬衫	直接材料									
	直接人工									
	制造费用									
	小计									
女衬衫	直接材料									
	直接人工									
	制造费用									
	小计									
男T恤	直接材料									
	直接人工									
	制造费用									
	小计									
女T恤	直接材料									
	直接人工									
	制造费用									
	小计									
合计										

（三）入库单汇总表

产成品入库单汇总表

2023年03月31日　　　　编号：00001

序号	名称	规格	单位	数量	单价	金额
1	男衬衫					
2	女衬衫					
3	男T恤					
4	女T恤					
⋮	⋮					

（四）会计分录（业务50）

摘要	会计分录			
	总账科目	明细科目	借方金额	贷方金额

四、财税平台操作流程

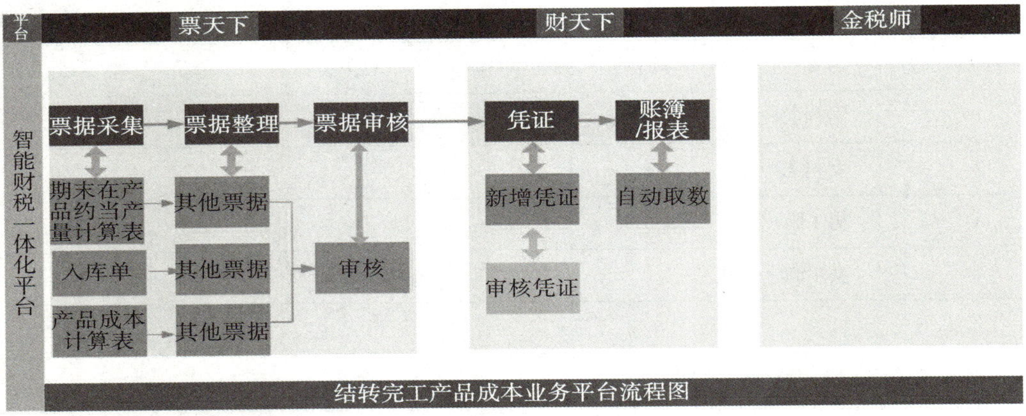

五、实训注意事项

1. 结转本月完工产品成本之前，应先结出并登记各产品基本生产成本明细账的生产费用合计数。

2. 根据某产品基本生产成本明细账的期初余额和当前各成本项目本月发生额、生产费用合计数，在该产品完工产品与月末在产品成本分配表中分别填列各成本项目的“月初在产品成本”、“本月生产费用”和“生产费用合计”。

技能点5　收回已完工的委托加工物资

一、业务描述

2023年3月31日，闽潇服饰公司收回已完工的委托加工物资男T恤120件，当日采购部验收并入库。

二、业务流程

收回已完工的委托加工物资业务流程					
流程 职位	流程1	流程2	流程3	流程4	流程5
业务部门	委托加工物资验收入库				
公司负责人					
会计主管		审核		审核	
总账会计			填制记账凭证		
出纳					
成本会计					登记存货等明细账

三、实训资料

（一）入库单

委托加工入库单

委托加工单位：无锡荣顺服饰有限责任公司　　材料仓库：

收发类别：商品　　2023年03月31日　　编号：285678

采购员：陈勇　　检验员：薛飞　　记账员：林华　　保管员：薛飞

入库单编号	加工后材料名称及规格	单位	应收数	实收数	单价	金额	备注
001	男T恤	件	120	120	94.55	11 346.00	
合计			120	120		¥11 346.00	

第二联 记账联

检验：薛　飞　　收料：李　蠡　　记账：林　华

（二）会计分录（业务511）

摘要	会计分录			
	总账科目	明细科目	借方金额	贷方金额

四、财税平台操作流程

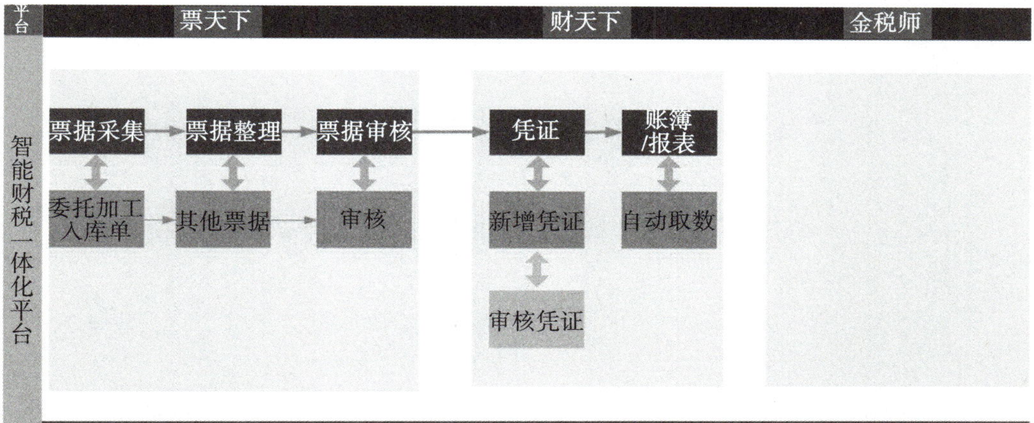

收回已完工的委托加工物资业务平台流程图

五、实训注意事项

1.“委托加工物资”科目核算企业委托外单位加工的各种物资的实际成本。

2.“委托加工物资”科目应按加工合同、受托加工单位以及加工物资的品种等进行明细核算。

3.委托加工物资的主要账务处理如下：

（1）发给外单位加工的物资，按实际成本，借记“委托加工物资”科目，贷记“原材料”“库存商品”等科目；按计划成本或售价核算的，还应同时结转材料成本差异或商品进销差价，借记“委托加工物资”科目，贷记“产品成本差异”或“商品进销差价”科目；实际成本小于计划成本的差异，做相反的会计分录。

（2）支付加工费、运杂费等，借记“委托加工物资”等科目，贷记“银行存款”等科目；需要缴纳消费税的委托加工物资，由受托方代收代交的消费税，借记“委托加工物资”（收回后用于直接销售的）或“应交税费——应交消费税”科目（收回后用于继续加工的），贷记“应付账款”“银行存款”等科目。

（3）加工完成验收入库的物资和剩余的物资，按加工收回物资的实际成本和剩余物资的实际成本，借记“原材料”“库存商品”等科目，贷记“委托加工物资”科目。采用计划成本或售价核算的，按计划成本或售价，借记“原材料”或“库存商品”科目，按实际成本贷记“委托加工物资”科目，实际成本与计划成本或售价之间的差额，借记或贷记“材料成本差异”科目或贷记“商品进销差价”科目。

4.“委托加工物资”科目期末借方余额，反映企业委托外单位加工尚未完成物资的实际成本。

项目五

会计期末核算综合实训

任务一　结转销售成本业务

技能点 1　结转本月商品销售成本

一、业务描述

2023 年 3 月 31 日，闽潇服饰公司结转本月销售商品成本。

二、业务流程

结转本月销售商品成本业务流程							
职位＼流程	流程 1	流程 2	流程 3	流程 4	流程 5	流程 6	流程 7
业务部门							
公司负责人							
会计主管		审核		审核		审核	
总账会计							填制记账凭证
出纳							
成本会计	在库存商品明细账中登记发出产品加权平均单价		编制销售出库汇总表		编制销售成本计算表		

三、实训资料

（一）销售成本计算表

销售成本计算表　　金额单位：元									
产品名称	月初库存	本月入库	库存合计	月初商品金额	入库商品金额	库存金额合计	加权平均单价	销售数量	销售成本
男衬衫									
女衬衫									

续表

销售成本计算表								金额单位：元
男T恤								
女T恤								
合计								

（二）销售出库汇总表

销售出库汇总表

日期：2023年03月31日　　金额单位：元

序号	名称	规格	单位	数量	单价	金额
1	男衬衫					
2	女衬衫					
3	男T恤					
4	女T恤					
⋮	⋮					

制单：　　复核：　　经办人：

（三）会计分录（业务52）

摘要	会计分录			
	总账科目	明细科目	借方金额	贷方金额

四、财税平台操作流程

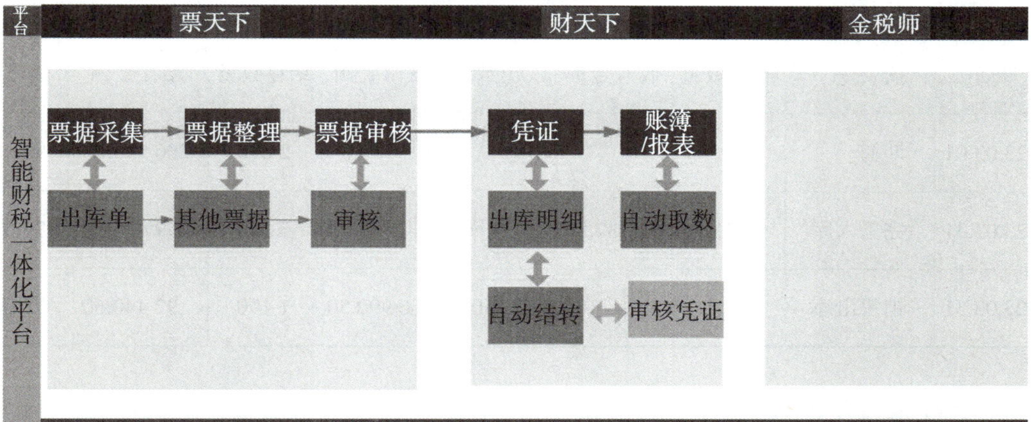

结转本月销售商品成本业务平台流程图

五、实训注意事项

1. 在各产品库存商品明细账的“本月合计”行，计算并登记贷方发出产品数量合计数。

2. 在各产品库存商品明细账中，计算并登记某发出产品的加权平均单价、发出产品成本、月末结存产品成本及单价。

库存商品-男衬衫								金额单位：元
日期	摘要	收入数量	收入金额	发出数量	发出金额	结存数量	结存金额	单价
2023.03.01	期初					3 225	248 389.50	77.02
2023.03.31	完工入库	1 200	79 392.00			4 425	327 781.50	74.07
2023.03.31	销售出库			2 000	148 140.00	2 425	179 641.50	74.08
库存商品-女衬衫								金额单位：元
日期	摘要	收入数量	收入金额	发出数量	发出金额	结存数量	结存金额	单价
2023.03.01	期初					4 181	275 987.81	66.01
2023.03.31	完工入库	1 000	69 420.00			5 181	345 407.81	66.67
2023.03.31	销售出库			1 000	66 670.00	4 181	278 737.81	66.67
库存商品-男T恤								金额单位：元
日期	摘要	收入数量	收入金额	发出数量	发出金额	结存数量	结存金额	单价
2023.03.01	期初					1 926	165 616.74	85.99
2023.03.31	委托加工入库	120	11 346.00			2 046	176 962.74	86.49
2023.03.31	完工入库	1 250	72 312.50			3 296	249 275.24	75.63
2023.03.31	销售出库			2 120	160 335.60	1 176	88 939.64	75.63

续表

库存商品–女T恤								金额单位：元
日期	摘要	收入数量	收入金额	发出数量	发出金额	结存数量	结存金额	单价
2023.03.01	期初					2 090	206 993.60	99.04
2023.03.31	完工入库	1 250	52 437.50			3 340	259 431.10	77.67
2023.03.31	销售出库			2 150	166 990.50	1 190	92 440.60	77.68

技能点2　结转本月销售原材料成本

一、业务描述

2023年3月31日，闽潇服饰公司结转本月销售原材料成本。

二、业务流程

结转本月销售原材料成本业务流程							
流程 职位	流程1	流程2	流程3	流程4	流程5	流程6	流程7
业务部门	编制出库单	审核					
公司负责人							
会计主管				审核		审核	
总账会计					编制记账凭证		
出纳							
成本会计			填写出库单单价				登记成本费用等明细账

三、实训资料

（一）出库单

出　库　单

金额单位：元

出货单位：无锡闾潇服饰有限公司　　单号：

提货单位（部门）：天津晓笛服饰有限责任公司　　销售单号：发货仓库　　出库日期：2023年03月22日

编码	产品名称	规格	单位	数量		单价	金额
				应发	实发		
CL01001	棉布		米	500	500	29.82	14 910
合计	人民币（大写）：壹万肆仟玖佰壹拾元整						¥14 910

会计联

部门经理：李蠡　　会计：林华　　仓库：薛飞　　经办人：薛飞

（二）会计分录（业务53）

摘要	会计分录			
	总账科目	明细科目	借方金额	贷方金额

四、财税平台操作流程

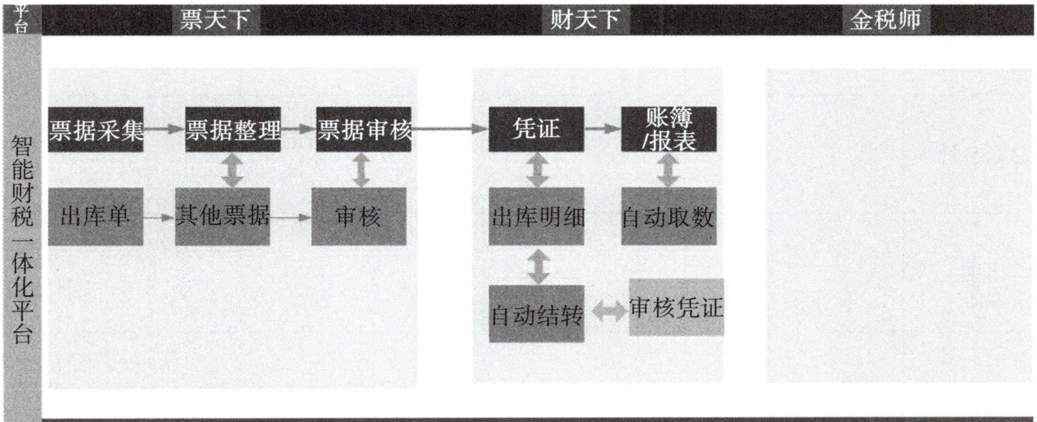

结转本月销售原材料成本业务平台流程图

五、实训注意事项

1. 销售原材料的收入通过“其他业务收入”科目核算。

2. 销售原材料成本结转应通过“其他业务成本”科目核算。“其他业务成本”科目用于核算企业除主营业务活动以外的其他经营活动所发生的成本。

任务二 计提借款利息、坏账准备以及摊销租赁负债

技能点 1 支付租入固定资产租金

一、业务描述

2023年3月31日，闽潇服饰公司向北京欧华电子设备有限公司支付生产线租金30 000元，并取得电子回单和增值税专用发票。

二、业务流程

支付租入固定资产租金业务流程

职位＼流程	流程1	流程2	流程3	流程4	流程5	流程6	流程7
业务部门	填写付款申请书						
公司负责人			审核				
会计主管		审核				审核	
总账会计					编制记账凭证		
出纳				办理支付手续			登记日记账
成本会计							登记成本费用明细账

三、实训资料

（一）增值税专用发票

1100191140　　**北京增值税专用发票**　　№00762435

（国家税务总局 北京市税务局 全国统一发票监制章）

发票联

开票日期：2023年03月31日

购买方	
名　　称	无锡闽潇服饰有限公司
纳税人识别号	913501046307045023
地 址、电 话	江苏省无锡市梁溪区首秀路3号0510-90102394
开户行及账号	中国银行无锡梁溪支行41864409937929

密码区：
>> 25* 4%##0662*2%4-1> 76567365
-70>9* 26#413%8*>5%1370580-14
497- 934383%2#947>2#05960%0-%
> 100*4**1380#>1%998- -**052- -9#

货物或应税劳务、服务名称	规格型号	单位	数量	单价	金额	税率	税额
*租赁*生产线租赁*	MES生产线	月	1	30 000.00	30 000.00	13%	3 900.00
合　计					¥30 000.00		¥3 900.00
价税合计（大写）	⊗叁万叁仟玖佰元整				（小写）¥33 900.00		

销售方	
名　　称	北京欧华电子设备有限公司
纳税人识别号	91110101M528897720
地 址、电 话	北京市沃宜路732号010-00662393
开户行及账号	工行北京市中益路支行2541457563876896569

备注：校验码52118 02807 08248 65199

（北京欧华电子设备有限公司 91110101M528897720 发票专用章）

收款人：李丹　　复核：李婉　　开票人：高凯心　　销售方（章）

第三联　发票联　购买方记账凭证

（二）银行回单

中国银行　　凭证

业务回单(付款)

日期：2023年03月31日　　回单编号：00907834633

付款人户名：无锡闽潇服饰有限公司　　付款人开户行：中国银行无锡梁溪支行

付款人账号（卡号）：41864409937929

收款人户名：北京欧华电子设备有限公司　　收款人开户行：工行北京市中益路支行

收款人账号（卡号）：2541457563876896569

金额：叁万叁仟玖佰元整　　小写：¥33 900.00元

业务（产品）种类：　　凭证种类：　　凭证号码：

摘要：生产线租赁费　　用途：　　币种：

交易机构：7969120283　　记账柜员：64636　　交易代码：06066　　渠道：

（中国银行无锡梁溪支行 电子回单专用章）

本回单为第1次打印，注意重复打印日期：2023年03月31日　打印柜员：　　验证码：323207177537

（三）会计分录（业务54）

摘要	会计分录			
	总账科目	明细科目	借方金额	贷方金额

四、财税平台操作流程

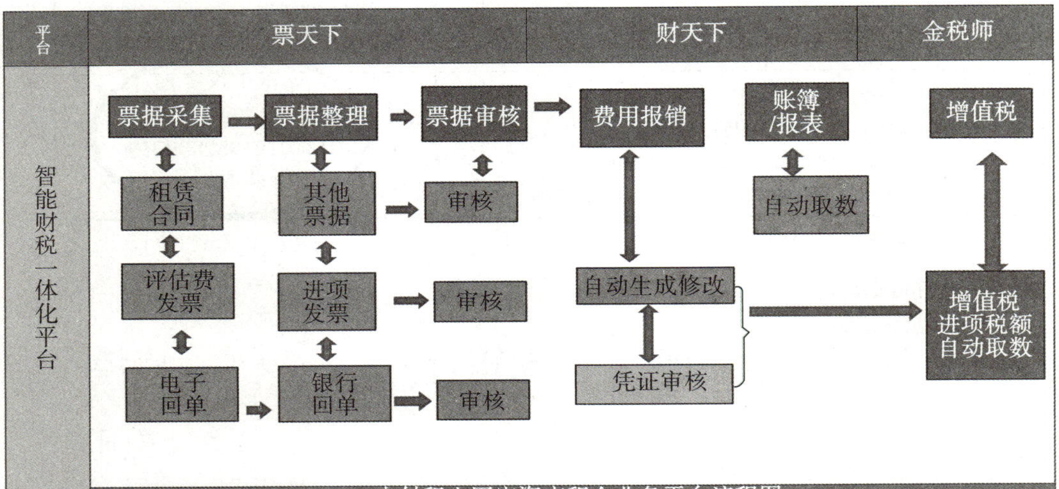

支付租入固定资产租金业务平台流程图

五、实训注意事项

租赁固定资产的后续计量，本案例考虑了增值税，又是付款环节，支付租赁费用的会计分录为：

借：租赁负债——租赁付款额

　　贷：银行存款

技能点2　摊销租赁负债

一、业务描述

2023年3月31日，无锡闽潇服饰摊销本月租赁生产线的利息费用。

二、业务流程

摊销租赁负债业务流程					
职位	流程1	流程2	流程3	流程4	流程5
业务部门					
公司负责人					
会计主管		审核		审核	
总账会计			填制记账凭证		
出纳					
成本会计	编制租赁负债摊销表				登记成本费用明细账

三、实训资料

（一）租赁负债摊销表

租赁负债摊销表

2023年03月31日　　　　单位：元

日期	租赁负债期初余额	当期利息费用	租赁付款额	租赁负债期末余额
2023.03.01		—	—	903 225.00
2023.03.31		9 032.25	30 000	882 257.25
⋮		⋮	⋮	⋮

审核：　　　　制单：

（二）会计分录（业务55）

摘要	会计分录			
	总账科目	明细科目	借方金额	贷方金额

四、财税平台操作流程

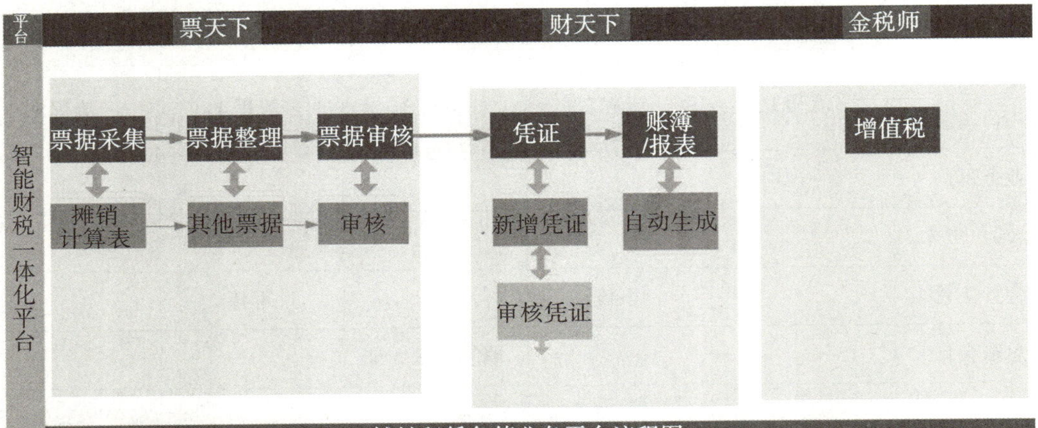

摊销租赁负债业务平台流程图

五、实训注意事项

1.使用权资产的后续计量

承租人应当参照《企业会计准则第4号——固定资产》有关的折旧规定，对使用权资产计提折旧。

2.使用权负债的后续计量

承租人应当按照固定资产固定的周期性利率计算租赁负债在租赁期内各个期间的利息费用，并计入当期损益

3.本月利息的计算过程如下：

当期利息费用=（租赁付款额−未确认融资费用）×月利率

=（1 080 000−176 775）×1%

=903 225×1%

=9 032.25（元）

4.租赁负债期末余额=期初余额+本期利息费用−租赁月租金

=903 225 +9 032.25−30 000

=882 257.25（元）

技能点3 计提短期借款利息

一、业务描述

2023年3月31日，闽潇服饰公司计提2022年10月1日从基本账户银行借入的6个月的短期借款利息，借款金额为1 100 000元，短期借款年利率为4.5%，利息季末支付。

二、业务流程

计提短期借款利息业务流程

流程／职位	流程1	流程2	流程3
会计主管		审核短期借款利息计算表	
会计1			根据审核无误的短期借款利息计算表填制记账凭证
会计2	编制短期借款利息计算表		

三、实训资料

（一）借款合同

借款合同

合同编号：22072156

经<u>中国银行无锡梁溪支行</u>（以下简称贷款方）与<u>无锡闽潇服饰有限公司</u>（以下简称借款方）充分协商，签订本合同，共同遵守。

第一条，由贷款方提供贷款人民币大写<u>壹佰壹拾万元整（¥1 100 000.00）</u>给借方，贷款期限自<u>2022</u>年<u>10</u>月<u>01</u>日至<u>2023</u>年<u>03</u>月<u>31</u>日。

第二条，贷款方应按期、按额向借款方提供贷款，否则，按违约数额和延期天数，付给借款方违约金。违约金数额的计算，与逾期贷款罚息相同，即<u>5%</u>。

第三条，贷款月利率为银行同期年利率<u>4.5%（月利率0.375%）</u>，每月<u>31</u>日结息，如遇调整，按调整的新利率和计息办法执行。

第四条，借款方应按协议使用贷款，不得转移用途。否则，贷款方有权停止发放新贷款，直至收回已发放的贷款。

第五条，借款方保证按借款契约所订期限归还贷款本息。如需延期，借款方最迟在贷款到期前<u>7</u>天提出延期申请，经贷款方同意，办理延期手续。但延期最长不得超过原定期限的一半。贷款方未同意延期或未办理延期手续的逾期贷款，加收罚息。

第六条，贷款到期后<u>1</u>个月，如借款方不归还贷款，贷款方有权依照法律程序处理借款方作为贷款抵押的物资和财产，抵还借款本息。

第七条，本协议书一式两份，借贷款双方各执正本<u>一</u>份。自双方签字之日起生效。

……

第十一条，合同争议的解决方式：

本合同在履行过程中发生的争议，由借贷双方协商解决；协商不成的依法向人民法院提起诉讼。

贷款方：<u>中国银行无锡梁溪支行</u>　　　借款方：<u>无锡闽潇服饰有限公司</u>

法定代表人：<u>张国兴</u>　　　法定代表人：<u>罗兴</u>

签订日期：<u>2022年10月01日</u>　　　签订日期：<u>2022年10月01日</u>

中国银行无锡梁溪支行 财务专用章　　无锡闽潇服饰有限公司 财务专用章

（二）借款利息计算表

借款利息计算表

2023年03月31日　　金额单位：元

借款银行	借款日期	借款用途	借款金额	月利率	本月应付利息
中国银行无锡梁溪支行					

（三）会计分录（业务56）

摘要	会计分录			
	总账科目	明细科目	借方金额	贷方金额

四、财税平台操作流程

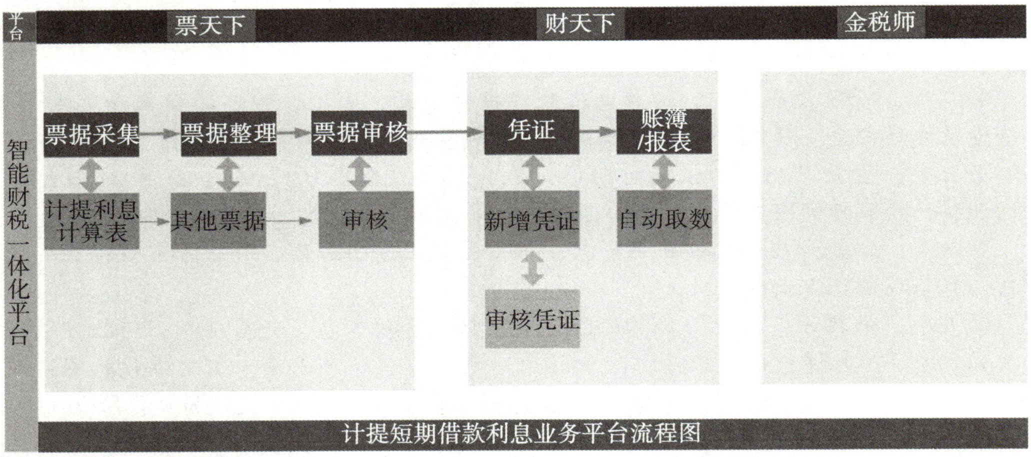

五、实训注意事项

1. 短期借款是指企业为获得维持正常生产经营所需的资金或为抵偿某项债务而向银行或其他金融机构等借入的、还款期限在1年以下（含1年）的各种借款。

2. 短期借款利息具体计算公式为：

短期借款年利息=短期借款总额×年利率

短期借款月利息=短期借款总额×年利率÷12

技能点4　偿还短期借款本金及利息

一、业务描述

2023年3月31日，闽潇服饰公司偿还短期借款本金及利息。

二、业务流程

偿还短期借款本金及利息业务流程						
流程 职位	流程1	流程2	流程3	流程4	流程5	流程6
业务部门						
公司负责人						
会计主管		审核			审核	
总账会计				取得转账凭证		编制记账凭证
出纳			实施转账			
成本会计	根据借款合同申请款项					

三、实训资料

（一）短期借款还款凭证

银行（短期　贷款　）还款凭证（回单）

2023年03月31日　　　　原借款凭证银行编号：

还款单位	全　　称	中国银行无锡梁溪支行	付款单位	全　　称	无锡闽潇服饰有限公司
	往来户账号	9796414648940961790		账　　号	41864409937929
	开户银行	中国银行无锡梁溪支行		开户银行	中国银行无锡梁溪支行
还款时间		2023年03月31日	还款次序		
还款金额	（大写）	壹佰壹拾壹万贰仟叁佰柒拾伍元整		亿千百十万千百十元角分	¥111237500
还款原因					

亿	千	百	十	万	千	百	十	元	角	分
	¥	1	1	1	2	3	7	5	0	0

（印章：中国银行无锡梁溪支行 2023.03.31 收讫）

（二）会计分录（业务57）

摘要	会计分录			
	总账科目	明细科目	借方金额	贷方金额

四、财税平台操作流程

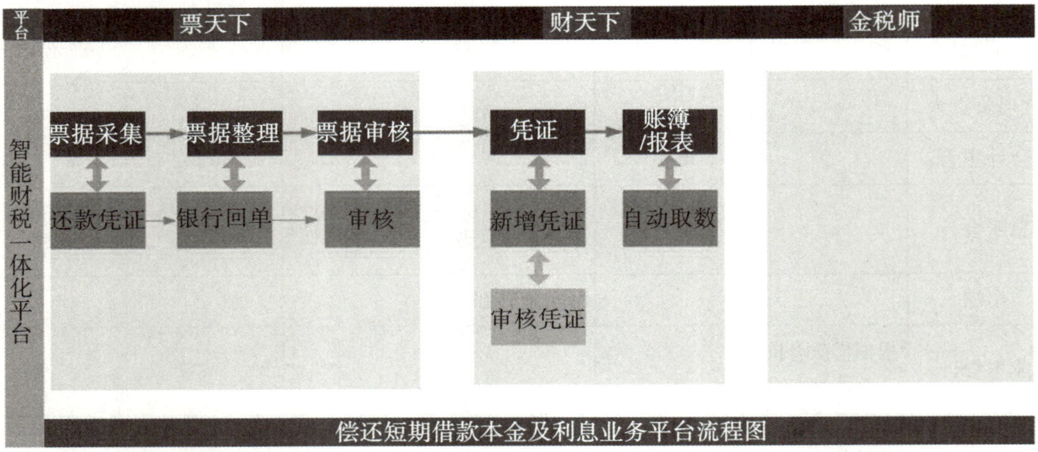

五、实训注意事项

1. 短期借款利息结算方式分为按月支付、按季支付、按半年支付和到期一次还本付息。

2. 如果企业的短期借款利息按月支付，或者利息在借款到期归还本金时一并支付、且数额不大，可以在实际支付或收到银行的计息通知时，直接计入当期损益。如果短期借款的利息按期支付（如按季支付），或者利息是在借款到期归还本金时一并支付、且数额较大的，为了正确计算各期的盈亏，应采用预提的办法，先按月预提，计入当期损益，到期再进行支付。

技能点5　计提并支付长期借款利息

一、业务描述

2023年3月31日，闽潇服饰公司计提2023年3月1日从基本账户银行借入的为期5年长期借款，借款金额为500 000元，借款月利率为0.416%，按月支付。

二、业务流程

计提并支付长期借款利息业务流程			
流程 职位	流程1	流程2	流程3
会计主管		审核长期借款利息计算表	
会计1			根据审核无误的长期借款利息计算表填制转账凭证
会计2	编制长期借款利息计算表，按照本企业与银行签订的借款合同计算短期借款利息		

三、实训资料

（一）借款利息计算表

借款利息计算表

2023年03月31日　　　　金额单位：元

借款银行	借款日期	借款用途	借款金额	月利率	本月应付利息
中国银行无锡梁溪支行					

（二）会计分录（业务58）

摘要	会计分录			
	总账科目	明细科目	借方金额	贷方金额

四、财税平台操作流程

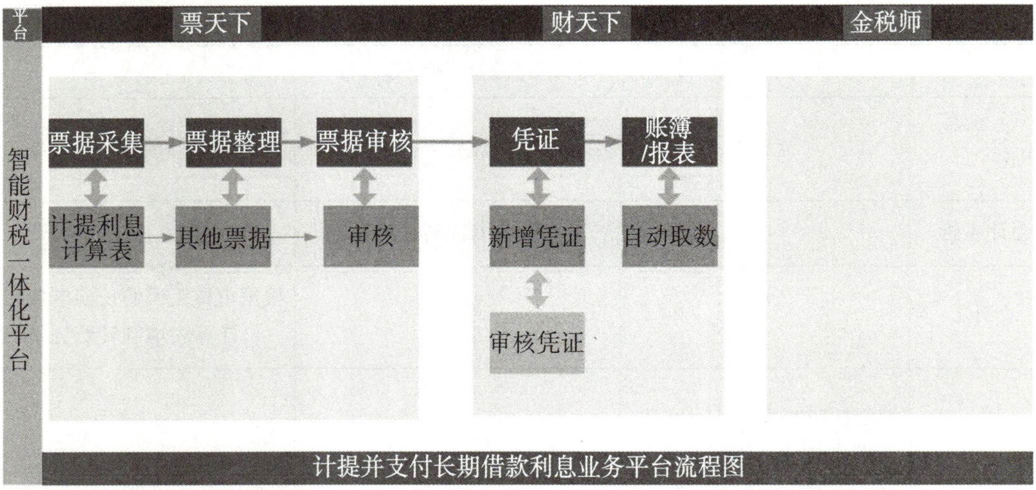

五、实训注意事项

1.长期借款是指企业向银行或其他金融机构借入的、还款期限在1年以上（不含1年）的各种借款。

2.长期借款利息的计算公式为：

长期借款年利息=长期借款总额×年利率

长期借款月利息=长期借款总额×年利率÷12

3.长期借款利息结算方式分为按月支付、按季支付、按半年支付和到期一次还本付息。

4.长期借款计提的利息为__________（元）。

技能点6　结转研发支出费用化支出

一、业务描述

2023年3月31日，闽潇服饰公司结转研发支出费用化支出。

二、业务流程

结转研发支出费用化支出业务流程					
流程 / 职位	流程1	流程2	流程3	流程4	流程5
业务部门					
公司负责人					
会计主管		审核		审核	
总账会计			填制记账凭证		登记成本费用明细账
出纳					
成本会计	编制研发支出费用化支出分配表				

三、实训资料

（一）科目明细账

科目明细账

单位：元

编制单位：无锡闽潇服饰有限公司　　期间：2023-03至2023-03

科目编码	科目名称	日期	凭证号	摘要	借方	贷方	方向	余额
5301	研发支出	2023-03-01		期初余额			平	0.00
5301	研发支出	2023-03-07	0013	支付研发费用	100 000.00		借	100 000.00

（二）会计分录（业务59）

摘要	会计分录			
	总账科目	明细科目	借方金额	贷方金额

四、财税平台操作流程

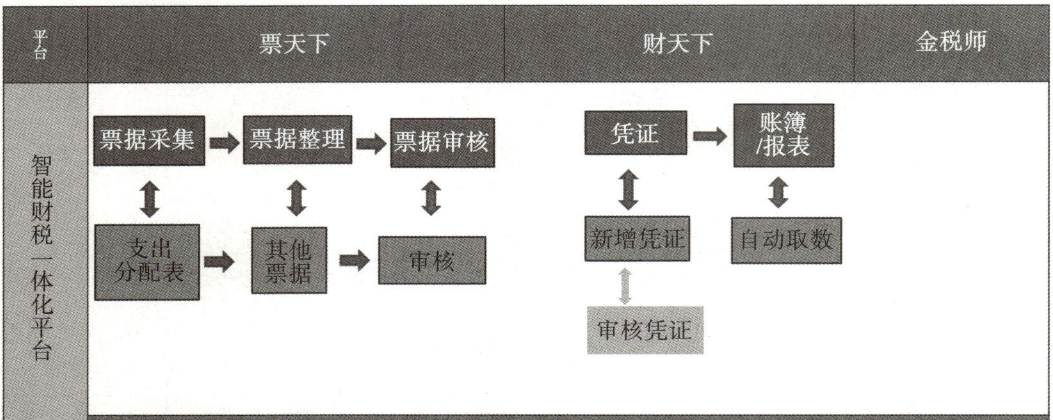

结转研发支出费用化支出业务平台流程图

五、实训注意事项

企业内部研究开发项目开发阶段的支出，同时满足下列条件的，才能予以资本化：

1. 完成该无形资产并使其能够使用或出售在技术上具有可行性。判断无形资产的开发在技术上是否具有可行性，应当以目前阶段的成果为基础，并提供相关证据和材料，证明企业进行开发所需的技术条件等已经具备，不存在技术上的障碍或其他不确定性。比如，企业已经完成了全部计划、设计和测试活动，这些活动是使资产达到设计规划书中的功能、特征和技术所必需的活动。

2. 具有开发完成该无形资产并使用或出售的意图。企业应该能够说明其开发该无形资产的目的。

3. 能够证明运用该无形资产生产的产品存在市场或无形资产自身存在市场；无形资产将在内部使用的，应当证明其有用性。能够对运用该无形资产生产的产品的市场情况进行可靠预计，以证明所生产的产品存在市场并能够带来经济利益，或能够证明市场上存在对该无形资产的需求。

4. 有足够的技术、财务资源和其他资源支持，以完成该无形资产的开发，并有能力使用或出售该无形资产。企业应能够证明可以取得无形资产开发所需的技术、财务资源和其他资源，以及获得这些资源的相关计划。企业自有资金不足以提供支持的，应能够证明存在外部其他方面的资金支持，如银行等金融机构声明愿意为该无形资产的开发提供所需资金等。

5. 归属于该无形资产开发阶段的支出能够可靠地计量。企业需要对研发支出进行单独核算，比如，直接发生的研发人员工资、材料费，以及相关设备折旧费等。同时从事多项研究开发活动的，所发生的支出应当按照合理的标准在各项研究开发活动之间进行分配；无法合理分配的，则需计入当期损益。

技能点7　计提坏账准备

一、业务描述

2023年3月31日，根据往年的应收账款及坏账的发生情况，闽潇服饰公司决定对2023年第一季度应收账款按2%的坏账率计提坏账准备。

二、业务流程

计提坏账准备业务流程							
流程 职位	流程1	流程2	流程3	流程4	流程5	流程6	流程7
业务部门							
公司负责人				批准			
会计主管			审批			审核	
总账会计					填制记账凭证		
出纳							
成本会计	分析应收账款状况	编制坏账准备计提表					登记相关明细账

三、实训资料

（一）应收账款期末余额

应收账款科目总账　　单位：元

编制单位：无锡闽潇服饰有限公司　　2023年03月

科目编码	科目名称	期间	摘要	借方	贷方	方向	余额
1122	应收账款	2023-03	期初余额			借	8 600.00
1122	应收账款	2023-03	本月合计	631 590.00	614 640.00	借	25 550.00
1122	应收账款	2023-03	本年累计	631 590.00	614 640.00	借	25 550.00

（二）坏账准备计提表

坏账准备计提表

2023年03月31日　　　　金额单位：元

1	2	3	4
季末应收账款余额	规定比例	提取前坏账准备账户 借方（+） 贷方（–）	提取的坏账准备 4=1×2–3

（三）会计分录（业务60）

摘要	会计分录			
	总账科目	明细科目	借方金额	贷方金额

四、财税平台操作流程

方法1：新增凭证

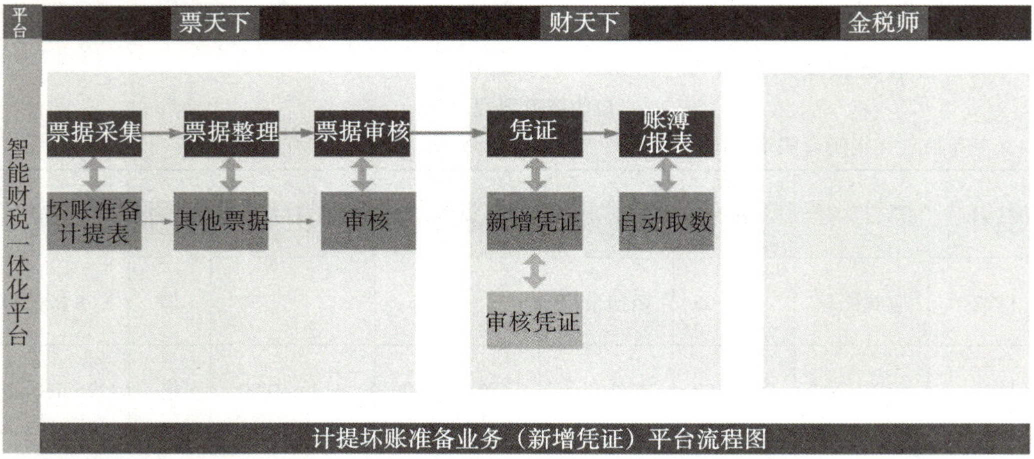

方法2：自定义结转

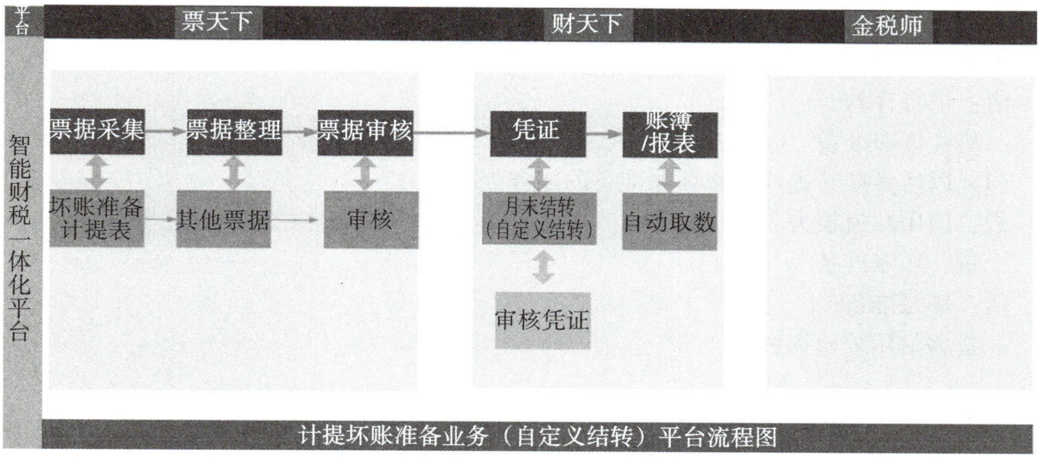

计提坏账准备业务（自定义结转）平台流程图

五、实训注意事项

1. 计提坏账准备的方法有四种，分别是：应收账款余额百分比法、销货百分比法、账龄分析法、个别认定法。该企业采用应收账款余额百分比法。

2. 应收账款余额百分比法是按照期末应收款项余额的一定百分比估计坏账损失的方法。坏账百分比由企业根据以往的资料或经验自行确定，该企业每季度末按应收账款期末余额2%的比例计提坏账准备。

采用应收账款余额百分比法计提坏账准备的具体计算公式如下：

（1）首次计提坏账准备的计算公式如下：

当期应计提的坏账准备=期末应收账款余额×坏账准备计提百分比

（2）以后计提坏账准备的计算公式如下：

当期应计提的坏账准备=当期按应收账款计算的应计提的坏账准备金额+（或–）坏账准备账户借方余额（或贷方余额）

该企业当期应计提的坏账准备=当期按应收账款计算应计提的坏账准备金额–坏账准备账户贷方余额=______（元）

3. 计提坏账准备的会计分录如下：

（1）首次计提坏账准备的账务处理

借：信用减值损失

　贷：坏账准备

（2）发生坏账时的账务处理

借：坏账准备

　贷：应收账款

（3）收回坏账的账务处理

方法一：

借：应收账款等

　贷：坏账准备

同时，

借：银行存款

　贷：应收账款等

方法二：

借：银行存款

　贷：坏账准备

（4）以后各期计提或冲减坏账准备的账务处理

借：信用减值损失

　贷：坏账准备

借：坏账准备

　贷：信用减值损失

任务三　计提应交税费

技能点1　计提本月应代扣个人所得税

一、业务描述

2023年3月31日，闽潇服饰公司计提本月应代扣个人所得税。

二、业务流程

计提本月应代扣个人所得税业务流程

职位＼流程	流程1	流程2	流程3	流程4	流程5
业务部门					
公司负责人					
会计主管		审批		审核	
总账会计			填制记账凭证		登记应交税费明细账
出纳					
成本会计	编制代扣应交个人所得税的工资明细表				

三、实训资料

（一）工资明细表

工资明细表

2023年3月

单位：元

						个人负担社保及公积金							单位负担社保及公积金						
序号	部门	姓名	职位	科目	应付工资	养老保险8%	医疗保险2%	失业保险0.5%	住房公积金12%	个人缴交合计	个人所得税	实发工资	养老保险16%	医疗保险8%	失业保险0.5%	工伤保险1.8%	生育保险0.7%	住房公积金12%	单位缴交合计
1	办公室	黄小龙	办公室主任	管理费用	10 000.00	800.00	200.00	50.00	1 200.00	2 250.00	82.50	7 667.50	1 600.00	800.00	50.00	180.00	70.00	1 200.00	3 900.00
2	办公室	罗兴	总经理		7 000.00	560.00	140.00	35.00	840.00	1 575.00	12.75	5 412.25	1 120.00	560.00	35.00	126.00	49.00	840.00	2 730.00
3	办公室	林文	办公室管理员		3 500.00	280.00	70.00	17.50	420.00	787.50		2 712.50	560.00	280.00	17.50	63.00	24.50	420.00	1 365.00
4	财务部	陈立	会计主管		5 500.00	440.00	110.00	27.50	660.00	1 237.50		4 262.50	880.00	440.00	27.50	99.00	38.50	660.00	2 145.00
5	财务部	卢婷裁	资金出纳		3 800.00	304.00	76.00	19.00	456.00	855.00		2 945.00	608.00	304.00	19.00	68.40	26.60	456.00	1 482.00
6	财务部	林华	总账会计		3 500.00	280.00	70.00	17.50	420.00	787.50		2 712.50	560.00	280.00	17.50	63.00	24.50	420.00	1 365.00
7	财务部	许娟	成本会计		3 500.00	280.00	70.00	17.50	420.00	787.50		2 712.50	560.00	280.00	17.50	63.00	24.50	420.00	1 365.00
8	采购部	陈勇	采购员		5 500.00	440.00	110.00	27.50	660.00	1 237.50		4 262.50	880.00	440.00	27.50	99.00	38.50	660.00	2 145.00
9	采购部	李鑫	仓库主管		4 800.00	384.00	96.00	24.00	576.00	1080.00		3 720.00	768.00	384.00	24.00	86.40	33.60	576.00	1 872.00
		合计			47 100.00	3 768.00	942.00	235.50	5 652.00	10 597.50	95.25	36 407.25	7 536.00	3 768.00	235.50	847.80	329.70	5 652.00	18 369.00
10	销售门市部	李梁	销售经理	销售费用	6 000.00	480.00	120.00	30.00	720.00	1 350.00		4 650.00	960.00	480.00	30.00	108.00	42.00	720.00	2 340.00
11	销售门市部	薛东	销售管理员		4 800.00	384.00	96.00	24.00	576.00	1 080.00		3 720.00	768.00	384.00	24.00	86.40	33.60	576.00	1 872.00
		合计			10 800.00	864.00	216.00	54.00	1 296.00	2 430.00	0	8 370.00	1 728.00	864.00	54.00	194.40	75.60	1 296.00	4 212.00
12	生产车间	程梦	生产车间主任	制造费用	6 000.00	480.00	120.00	30.00	720.00	1 350.00		4 650.00	960.00	480.00	30.00	108.00	42.00	720.00	2 340.00
13	生产车间	刘新	车间核算员		3 500.00	280.00	70.00	17.50	420.00	787.50		2 712.50	560.00	280.00	17.50	63.00	24.50	420.00	1 365.00
14	生产车间	刘红军	生产质检		3 500.00	280.00	70.00	17.50	420.00	787.50		2 712.50	560.00	280.00	17.50	63.00	24.50	420.00	1 365.00
		合计			13 000.00	1 040.00	260.00	65.00	1 560.00	2 925.00	0	10 075.00	2 080.00	1 040.00	65.00	234.00	91.00	1 560.00	5 070.00
15	生产车间	薛飞	车间工人	生产成本	3 500.00	280.00	70.00	17.50	420.00	787.50		2 712.50	560.00	280.00	17.50	63.00	24.50	420.00	1 365.00
16	生产车间	陈宁	车间工人		3 500.00	280.00	70.00	17.50	420.00	787.50		2 712.50	560.00	280.00	17.50	63.00	24.50	420.00	1 365.00
17	生产车间	王妹娟	车间工人		3 500.00	280.00	70.00	17.50	420.00	787.50		2 712.50	560.00	280.00	17.50	63.00	24.50	420.00	1 365.00
18	生产车间	刘红琴	车间工人		3 500.00	280.00	70.00	17.50	420.00	787.50		2 712.50	560.00	280.00	17.50	63.00	24.50	420.00	1 365.00
19	生产车间	徐丽丽	车间工人		3 500.00	280.00	70.00	17.50	420.00	787.50		2 712.50	560.00	280.00	17.50	63.00	24.50	420.00	1 365.00
20	生产车间	许如	车间工人		3 500.00	280.00	70.00	17.50	420.00	787.50		2 712.50	560.00	280.00	17.50	63.00	24.50	420.00	1 365.00
21	生产车间	周传	车间工人		3 500.00	280.00	70.00	17.50	420.00	787.50		2 712.50	560.00	280.00	17.50	63.00	24.50	420.00	1 365.00
22	生产车间	郑炜	车间工人		3 500.00	280.00	70.00	17.50	420.00	787.50		2 712.50	560.00	280.00	17.50	63.00	24.50	420.00	1 365.00
23	生产车间	张贤	车间工人		3 500.00	280.00	70.00	17.50	420.00	787.50		2 712.50	560.00	280.00	17.50	63.00	24.50	420.00	1 365.00
		合计			31 500.00	2 520.00	630.00	157.50	3 780.00	7 087.50	0	24 412.50	5 040.00	2 520.00	157.50	567.00	220.50	3 780.00	12 285.00
		总计			102 400.00	8 192.00	2 048.00	512.00	12 288.00	23 040.00	95.25	79 264.75	16 384.00	8 192.00	512.00	1 843.20	716.80	12 288.00	39 936.00

（二）会计分录（业务61）

摘要	会计分录			
	总账科目	明细科目	借方金额	贷方金额

四、财税平台操作流程

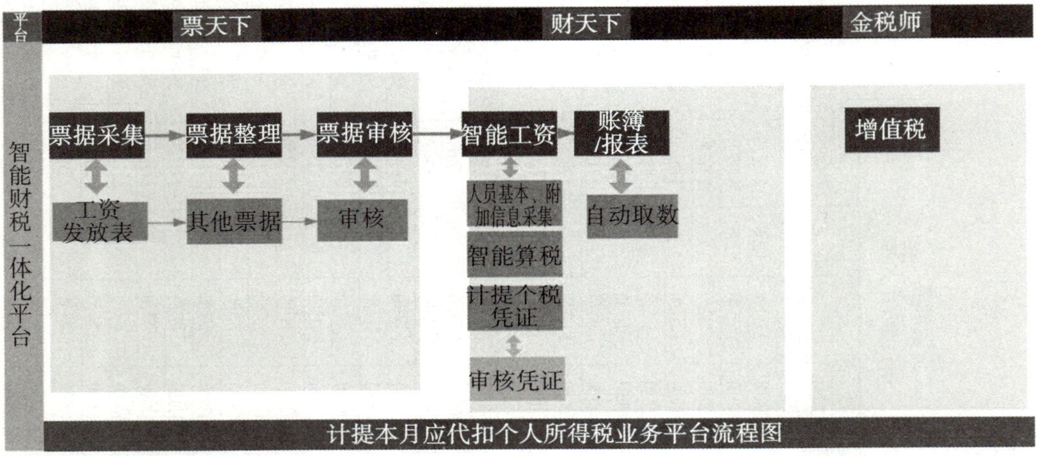

五、实训注意事项

1. 扣缴义务人向居民个人支付工资、薪金时，应当按照累计预扣法计算预扣税款，并按月办理扣缴申报。

2. 计算公式

（1）累计预扣预缴应纳税所得额=累计收入−累计免税收入−累计减除费用−累计专项扣除−累计专项附加扣除−累计依法确定的其他扣除

（2）本期应预扣预缴税额=累计预扣预缴应纳税所得额×预扣率−速算扣除数−累计减免税额−累计已预扣预缴税额

3. 关于累计减除费用的细化规定

（1）累计减除费用，按照5 000元乘以纳税人当年截至本月在本单位的任职受雇月份数计算。

（2）对一个纳税年度内首次取得工资、薪金所得的居民个人，扣缴义务人在预扣预缴个人所得税时，可按照5 000元乘以纳税人当年截至本月月份数计算累计减除费用。

（3）自2021年1月1日起，对上一完整纳税年度内每月均在同一单位预扣预缴工资、薪金所得个人所得税且全年工资、薪金收入不超过6万元的居民个人，扣缴义务人在预扣预缴本年度工资、薪金所得个人所得税时，累计减除费用自1月份起直接按照全年6万元计算扣除。即，在纳税人累计收入不超过6万元的月份，暂不预扣预缴个人所得税；在其累计收入超过6万元的当月及年内后续月份，再预扣预缴个人所得税。对按照累计预扣法预扣预缴劳务报酬所得个人所得税的居民个人，扣缴义务人比照上述规定执行。

4. 预扣率、速算扣除数

个人所得税预扣率表（居民个人工资、薪金所得预扣预缴适用）

级数	累计预扣预缴应纳税所得额	预扣率（%）	速算扣除数（元）
1	不超过36 000元的	3	0
2	超过36 000元至144 000元的部分	10	2 520
3	超过144 000元至300 000元的部分	20	16 920
4	超过300 000元至420 000元的部分	25	31 920
5	超过420 000元至660 000元的部分	30	52 920
6	超过660 000元至960 000元的部分	35	85 920
7	超过960 000元的部分	45	181 920

技能点2　结转本月未交增值税

一、业务描述

2023年3月31日，闽潇服饰公司根据税法及本企业会计制度有关规定和应交增值税明细账资料，编制应交增值税计算表，结转本月未交增值税。

二、业务流程

结转本月未交增值税业务流程					
职位 \ 流程	流程1	流程2	流程3	流程4	流程5
业务部门					
公司负责人					
会计主管		审核		审核	
总账会计			填制记账凭证		登记应交税费明细账
出纳					
成本会计	编制应交增值税计算表				

三、实训资料

（一）应交增值税计算表

未交增值税计算表

2023年03月31日　　单位：元

项目	进项税额	销项税额	本月未交增值税
增值税			

审核：　　制单：

（二）会计分录（业务62）

摘要	会计分录			
	总账科目	明细科目	借方金额	贷方金额

四、财税平台操作流程

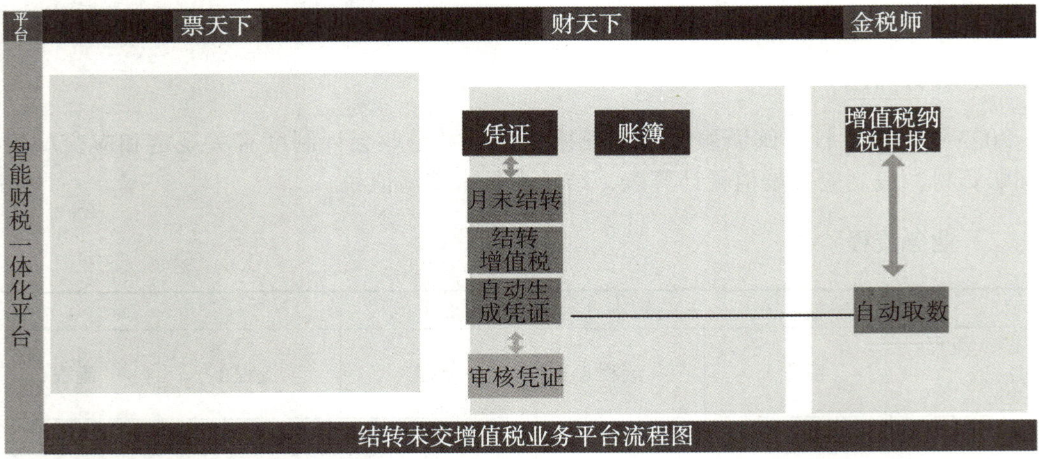

五、实训注意事项

实际工作中，纳税处理分为计算、计提、申报、缴纳等环节，以上是计算、计提处理过程，纳税申报在项目四中进行。

技能点3　计提转让金融商品应交增值税

一、业务描述

2023年3月31日，闽潇服饰公司计提转让金融商品应交增值税。

二、业务流程

计提转让金融商品应交增值税业务流程					
流程 职位	流程1	流程2	流程3	流程4	流程5
业务部门					
公司负责人					
会计主管		审核		审核	
总账会计			填制记账凭证		登记应交税费明细账
出纳					
成本会计	编制转让金融商品增值税计算表				

三、实训资料

（一）转让金融商品增值税计算表

转让金融商品增值税计算表

2023年03月31日　　单位：元

项目	卖出价	买入价	转让金融商品销售额	本月未交增值税
转让金融商品增值税				

（二）会计分录（业务63）

摘要	会计分录			
	总账科目	明细科目	借方金额	贷方金额

四、财税平台操作流程

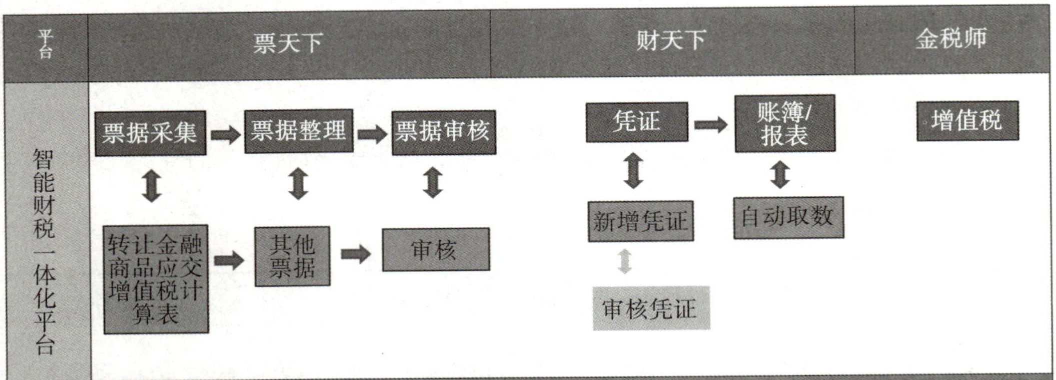

计提转让金融商品应交增值税业务平台流图

五、实训注意事项

1. 金融商品实际转让月末，如产生转让收益，则按应纳税额借记“投资收益”等科目，贷记“应交税费——转让金融商品应交增值税”科目；如产生转让损失，则按可结转下月抵扣税额，借记“应交税费——转让金融商品应交增值税”科目，贷记“投资收益”等科目。

2. 缴纳增值税时，应借记“应交税费——转让金融商品应交增值税”科目，贷记“银行存款”科目。年末，“应交税费——转让金融商品应交增值税”科目如有借方余额，则借记“投资收益”等科目，贷记“应交税费——转让金融商品应交增值税”科目。

3. 计提转让金融商品应交增值税计算表

（1）金融商品转让按规定以盈亏相抵后的余额作为销售额的账务处理。

盈亏相抵后的余额=____________（元），即销售额为 _____元。

（2）转让金融商品适用的增值税税率为6%。

转让金融商品应交增值税= ____ ÷（1+6%）×6%=_____（元）

技能点4　计提城市维护建设税、教育费附加及地方教育附加

一、业务描述

2023年3月31日，闽潇服饰公司根据税法及本企业会计制度有关规定，按照应交增值税计算表计算确定的本月应交增值税，编制应交城市维护建设税、教育费附加及地方教育附加计算表，并编制记账凭证。

二、业务流程

计提城市维护建设税、教育费附加及地方教育附加业务流程					
流程 职位	流程1	流程2	流程3	流程4	流程5
业务部门					
公司负责人					
会计主管		审核		审核	
总账会计			填制记账凭证		登记应交税费明细账
出纳					
成本会计	编制应交城市维护建设税、教育费附加及地方教育附加计算表				

三、实训资料

（一）应交城市维护建设税、教育费附加及地方教育附加计算表

应交城市维护建设税、教育费附加及地方教育附加计算表

2023年03月31日　　　　金额单位：元

项目	计提基数			减免优惠	比例	计提金额
	应交增值税	应交消费税	合计			
城市维护建设税						
教育费附加						
地方教育附加						

（二）会计分录（业务64）

摘要	会计分录			
	总账科目	明细科目	借方金额	贷方金额

四、财税平台操作流程

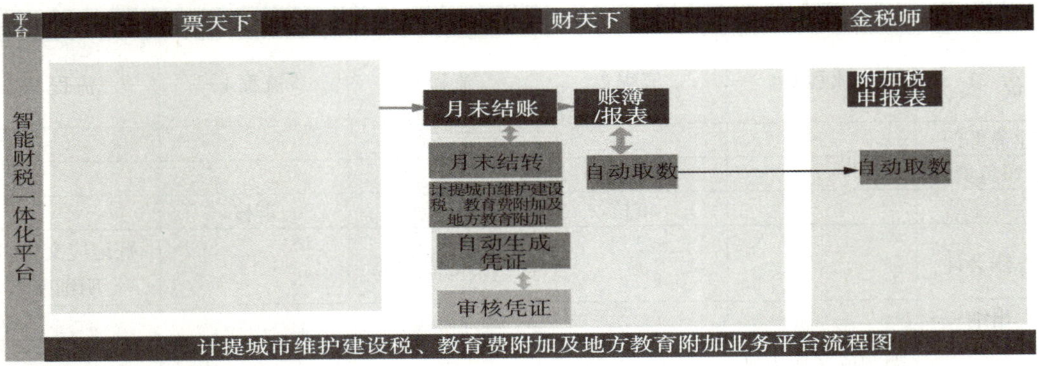

五、实训注意事项

“六税两费”的减半优惠：自2023年1月1日至2027年12月31日，对增值税小规模纳税人、小型微利企业和个体工商户减半征收资源税（不含水资源税）、城市维护建设税、房产税、城镇土地使用税、印花税（不含证券交易印花税）、耕地占用税和教育费附加、地方教育附加。增值税小规模纳税人、小型微利企业和个体工商户已依法享受资源税、城市维护建设税、房产税、城镇土地使用税、印花税、耕地占用税、教育费附加、地方教育附加等其他优惠政策的，可叠加享受此项优惠政策。

技能点5 计提印花税

一、业务描述

2023年3月31日，闽潇服饰公司根据本季度购销合同计提印花税。

二、业务流程

计提印花税业务流程					
职位 \ 流程	流程1	流程2	流程3	流程4	流程5
业务部门					
公司负责人					
出纳					
会计主管		审核		审核	
总账会计			填制记账凭证		
成本会计	编制印花税计算表				登记相关明细账

三、实训资料

（一）印花税计算表

金额单位：元

编号	应税凭证	任务	合同金额	税率	税额
1	购销合同	项目三任务七技能点4	540 000.00	0.00030	162.00
		项目三任务七技能点6	36 900.00	0.00030	11.07
		项目三任务六技能点1	199 950.00	0.00030	59.99
		项目三任务六技能点3	222 000.00	0.00030	66.60
		项目三任务六技能点4	60 000.00	0.00030	18.00
		项目三任务七技能点3	560 000.00	0.00030	168.00
		项目三任务七技能点7	15 000.00	0.00030	4.50
2	加工承揽合同	项目三任务八技能点7	2 400.00	0.00050	1.20
3	建筑工程勘察设计合同			0.00050	
4	建筑安装工程承包合同			0.00030	
5	财产租赁合同	项目三任务一技能点3	1 080 000.00	0.00100	1 080.00
6	货物运输合同			0.00050	
7	仓储保管合同			0.00100	
8	借款合同	项目三任务一技能点1	500 000.00	0.00005	25.00
9	财产保险			0.00100	
10	技术合同	项目三任务三技能点5	800 000.00	0.00030	240.00
11	产权转移书据			0.00050	
12	营业账簿（记载资金的账簿）	项目三任务一技能点2	4 000 000.00	0.00025	1 000.00
13	权利、许可证照			5元/件	
合计					2 836.36

（二）会计分录（业务65）

<table>
<tr><th rowspan="2">摘要</th><th colspan="4">会计分录</th></tr>
<tr><th>总账科目</th><th>明细科目</th><th>借方金额</th><th>贷方金额</th></tr>
<tr><td rowspan="2"></td><td></td><td></td><td></td><td></td></tr>
<tr><td></td><td></td><td></td><td></td></tr>
</table>

四、财税平台操作流程

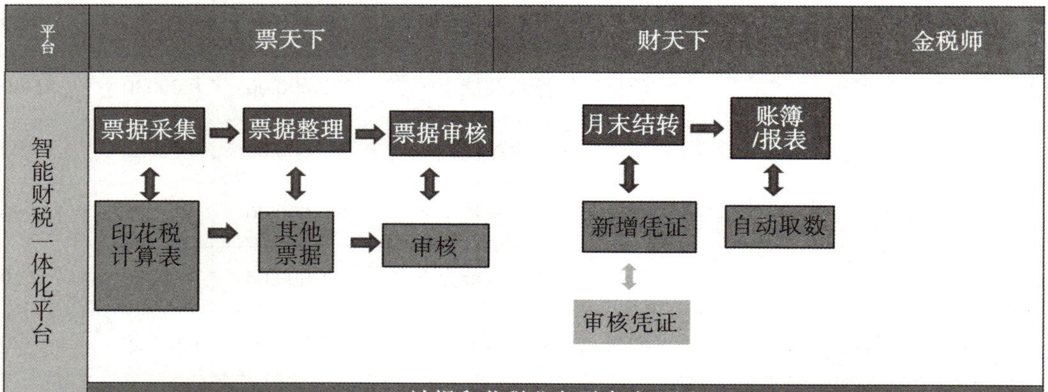

计提印花税业务平台流程图

五、实训注意事项

1. 享受税收优惠而免征印花税的项目

（1）自2019年1月1日至2027年12月31日，对饮水工程运营管理单位为建设饮水工程取得土地使用权而签订的产权转移书据，以及与施工单位签订的建设工程承包合同免征印花税。

（2）对经济适用住房经营管理单位与经济适用住房购买人均免征印花税。

（3）各类发行单位之间，以及发行单位与订阅单位或个人之间书立的图书、报刊等征订凭证（购销合同），暂免征印花税。

（4）商品储备管理公司及其直属库在承担商品储备业务过程中书立的购销合同免征印花税。

（5）自2018年1月1日至2027年12月31日，对金融机构与小型企业、微型企业签订的借款合同免征印花税。

（6）自2019年1月1日至2025年12月31日，对公租房经营管理单位免征建设、管理公租房涉及的印花税；对公租房经营管理单位购买住房作为公租房签订的购买协议，免征印花税；对公租房租赁双方免征签订租赁协议涉及的印花税。

（7）自2018年1月1日至2025年12月31日，对安置住房建设和分配过程中应由项目实施主体、项目单位缴纳的印花税予以免征。

（8）自2018年1月1日至2027年12月31日对保险保障基金公司下列应税凭证，免征印花税：

①新设立的资金账簿；

②在对保险公司进行风险处置和破产救助过程中签订的产权转移书据；

③在对保险公司进行风险处置过程中与中国人民银行签订的再贷款合同；

④以保险保障基金自有财产和接收的受偿资产与保险公司签订的财产保险合同。

2. 印花税减半征收的优惠

（1）“六税两费”的减半优惠：自2022年1月1日至2027年12月31日，对增值税小规模纳税人、小型微利企业和个体工商户可以在50%的税额幅度内减征资源税、城市维护建设税、房产税、城镇土地使用税、印花税（不含证券交易印花税）、耕地占用税和教育费附加、地方教育附加。

（2）自2018年5月1日起，对按5‰五税率贴花的资金账簿减半征收印花税，按照营业账簿的税目，以实收资本和资本公积两项合计金额的2.5‰来缴纳印花税。

任务四　结转损益

技能点1　结转期间损益

一、业务描述

2023年3月31日，闽潇服饰公司结转各期间损益。

二、业务流程

结转期间损益业务流程				
职位＼流程	流程1	流程2	流程3	流程4
业务部门				
公司负责人				
会计主管			审核	
总账会计	结计当前损益类账户发生额及余额	填制记账凭证		登记相关明细账
出纳				
成本会计				

三、实训资料

（一）沿用项目三、项目四的实训内容和实训资料

（二）结转费用的会计分录（业务66-1）

摘要	会计分录			
	总账科目	明细科目	借方金额	贷方金额

（三）结转收入的会计分录（业务66-2）

摘要	会计分录			
	总账科目	明细科目	借方金额	贷方金额

四、财税平台操作流程

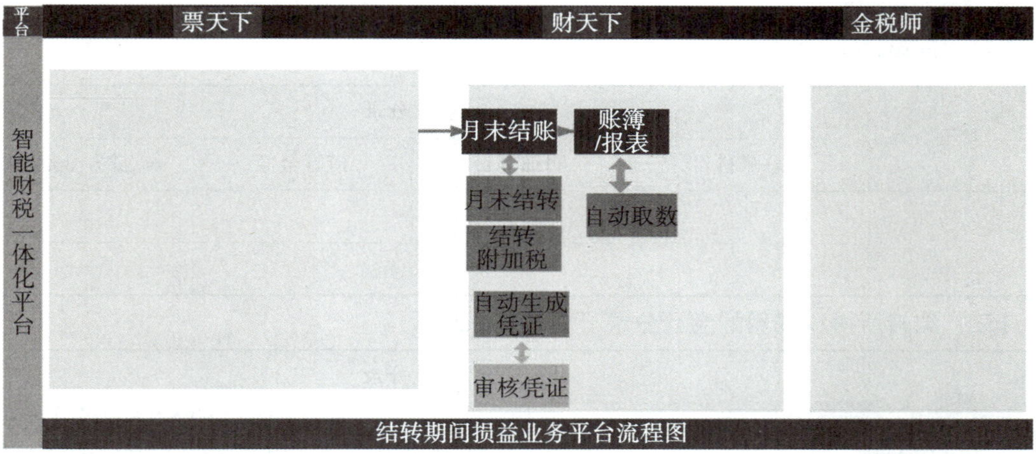

五、实训注意事项

1. 本笔业务的记账凭证后面一般不需要附原始凭证。

2. 登账时，如果是手工记账，由于多栏式明细账一般只有借方或贷方，因此，该笔业务登记明细账时在“借方金额分析”栏或“贷方金额分析”栏应该用红笔登记。

3. 进行合计时，用红笔登记其贷方发生额。

技能点2　计提并结转第一季度企业所得税

一、业务描述

2023年3月31日，闽潇服饰公司计提并结转第一季度企业所得税。

二、业务流程

计提并结转第一季度企业所得税业务流程				
职位＼流程	流程1	流程2	流程3	流程4
业务部门				
公司负责人				
会计主管		审核		
总账会计	编制企业所得税计算表		填制记账凭证	登记应交税费明细账
出纳				
成本会计				

三、实训资料

（一）沿用项目三、项目四的实训内容和实训资料

（二）计提所得税的会计分录（业务67-1）

摘要	会计分录			
	总账科目	明细科目	借方金额	贷方金额

（三）结转所得税费用的会计分录（业务67-2）

摘要	会计分录			
	总账科目	明细科目	借方金额	贷方金额

四、财税平台操作流程

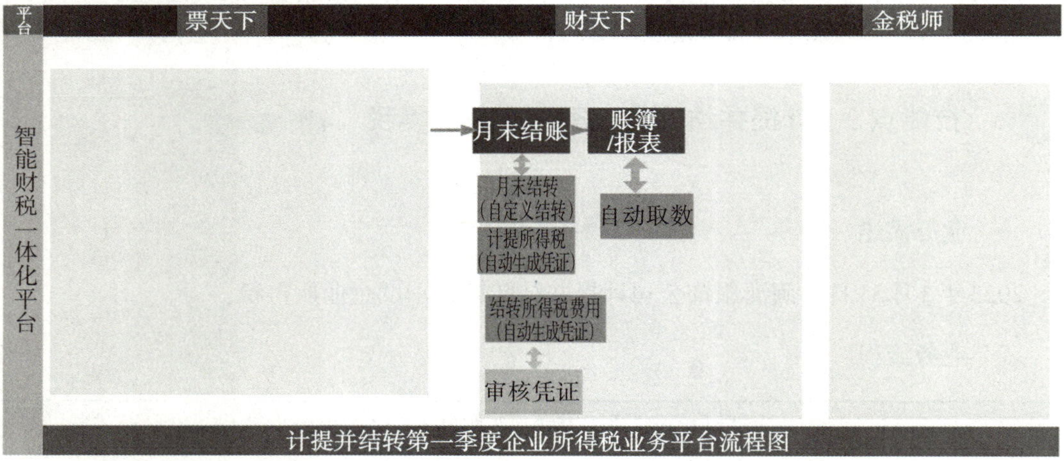

计提并结转第一季度企业所得税业务平台流程图

五、实训注意事项

1. 计算应交企业所得税的记账凭证后面应附有原始凭证，该原始凭证就是应交企业所得税计算表，而结转所得税费用的记账凭证不需要原始凭证。

2. 对小型微利企业年应纳税所得额不超过100万元的部分，减按12.5%计入应纳税所得额，按20%的税率缴纳企业所得税。对小型微利企业年应纳税所得额超过100万元但不超过300万元的部分，减按25%计入应纳税所得额，按20%的税率缴纳企业所得税。

任务五　编制科目汇总表

技能点1　科目汇总表

一、业务描述

2023年3月31日，闽潇服饰公司登记T形账户，并根据T形账户发生额编制科目汇总表。

二、业务流程

编制科目汇总表业务流程			
流程 职位	流程1	流程2	流程3
业务部门			
公司负责人			
会计主管			审核科目汇总表并登记总分类账
总账会计	登记T形账户	根据T形账户发生额编制科目汇总表	
出纳			
成本会计			

三、实训资料

科目汇总表

编制单位：无锡闽潇服饰有限公司　　2023年3月　　单位：元

会计科目	本期发生额	本期发生额
	借方	贷方
库存现金		
银行存款		
其他货币资金		
交易性金融资产		

续表

会计科目	本期发生额	本期发生额
	借方	贷方
应收票据		
应收账款		
预付账款		
其他应收款		
坏账准备		
在途物资		
原材料		
库存商品		
委托加工物资		
周转材料		
投资性房地产		
固定资产		
累计折旧		
固定资产清理		
待处理财产损溢		
短期借款		
应付账款		
预收账款		
应付职工薪酬		
应交税费		
应付利息		
其他应付款		
长期借款		
预计负债		
实收资本		
其他综合收益		
盈余公积		

续表

会计科目	本期发生额	本期发生额
	借方	贷方
本年利润		
利润分配		
生产成本		
制造费用		
研发支出		
主营业务收入		
其他业务收入		
投资收益		
营业外收入		
主营业务成本		
其他业务成本		
税金及附加		
销售费用		
管理费用		
财务费用		
信用减值损失		
营业外支出		
所得税费用		
合计		

四、实训注意事项

编制科目汇总表时，首先，应将汇总期内各项交易或事项所涉及的总账科目填列在科目汇总表的“会计科目”栏内；其次，根据汇总期内所有记账凭证，按会计科目分别加计其借方发生额和贷方发生额，将其汇总金额填列在各相应会计科目的“借方”和“贷方”栏内。

任务六 编制财务报表

技能点1 资产负债表

一、业务描述

2023年3月31日，闽潇服饰公司编制资产负债表。

二、业务流程

编制资产负债表业务流程		
流程 职位	流程1	流程2
业务部门		
公司负责人		审核
会计主管	编制资产负债表	
总账会计	协助会计主管编制资产负债表	
出纳		
成本会计		

三、实训资料

资产负债表

会企01表

编制单位：无锡闽潇服饰有限公司　　2023年03月31日　　单位：元

资产	期末余额	年初余额	负债和所有者权益（或股东权益）	期末余额	年初余额
流动资产：			流动负债：		
货币资金		3 492 114.25	短期借款		1 100 000.00
交易性金融资产		680 000.00	交易性金融负债		
衍生金融资产			衍生金融负债		
应收票据		2 327 800.00	应付票据		
应收账款		15 778.00	应付账款		

续表

资产	期末余额	年初余额	负债和所有者权益（或股东权益）	期末余额	年初余额
应收款项融资			预收款项		
预付款项		37 000.00	合同负债		
其他应收款		8 000.00	应付职工薪酬		119 200.75
存货		1 244 062.44	应交税费		40 926.75
合同资产			其他应付款		23 040.00
持有待售资产			持有待售负债		
一年内到期的非流动资产			一年内到期的非流动负债		
其他流动资产			其他流动负债		
流动资产合计		7 804 754.69	流动负债合计		1 283 167.50
非流动资产：			非流动负债：		
债权投资			长期借款		
其他债权投资			应付债券		
长期应收款			其中：优先股		
长期股权投资			永续债		
其他权益工具投资			租赁负债		
其他非流动金融资产			长期应付款		
投资性房地产			预计负债		
固定资产		8 547 567.00	递延收益		
在建工程			递延所得税负债		
生产性生物资产			其他非流动负债		
油气资产			非流动负债合计		
使用权资产			负债合计		1 283 167.50
无形资产			所有者权益（或股东权益）：		
开发支出			实收资本（或股本）		10 000 000.00
商誉			其他权益工具		
长期待摊费用			其中：优先股		

续表

资产	期末余额	年初余额	负债和所有者权益（或股东权益）	期末余额	年初余额
递延所得税资产			永续债		
其他非流动资产			资本公积		
非流动资产合计		8 547 567.00	减：库存股		
			其他综合收益		
			专项储备		
			盈余公积		700 000.00
			未分配利润		4 369 154.19
			所有者权益（或股东权益）合计		15 069 154.19
资产总计		16 352 321.69	负债和所有者权益（或股东权益）总计		16 352 321.69

单位负责人：　　　　　　　　财务负责人：　　　　　　　　会计主管：

四、财税平台操作流程

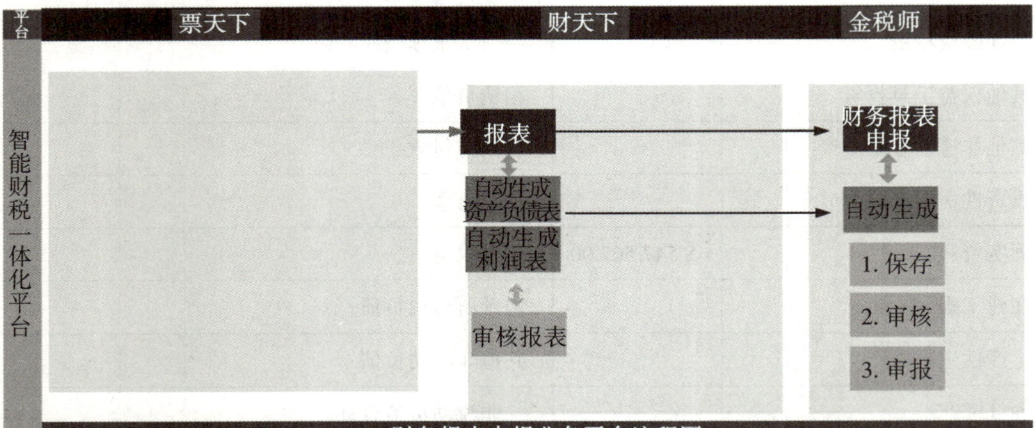

财务报表申报业务平台流程图

【学思践悟】在党的二十大精神的指引下，某民营企业会计团队积极作为，以高度的责任心和使命感，编制了一份高质量的财务报表，充分展示了企业的财务状况和经营成果。

在编制财务报表的过程中，该企业会计团队深入贯彻落实党的二十大精神，强化企业财务管理，提升会计信息质量，严格遵守企业会计准则和财务制度，确保报表数据的真实性、准确性和完整性。他们仔细核算每一项财务数据，确保数据间的勾稽关系准确无误；同时，他们还注重提升报表的可读性和可视化程度，采用图表、附注等多种方式，使报表更加直观易懂。

该企业会计团队积极贯彻落实党的二十大精神，不断促进企业健康发展，增强企业竞争力，在报表中充分反映了企业在创新驱动、市场拓展、风险管理等方面的努力和成果。这些信息的披露不仅有助于投资者和利益相关者更全面地了解企业的经营状况和发展潜力，也为企业树立了良好的市场形象。

通过这份高质量的财务报表，企业向外界展示了稳健的财务状况和强劲的发展势头，增强了投资者对企业的信心，也为企业的未来发展奠定了坚实基础。同时，这一案例也充分展现了企业会计在编制财务报表过程中的专业素养和责任意识，体现了企业积极贯彻落实党的二十大精神、推动高质量发展的实际行动。

通过这一课程思政小案例的学习，我们可以深刻领会到企业会计在编制财务报表中的重要性，以及如何将党的二十大精神融入实际工作，推动企业健康发展。

技能点2 利润表

一、业务描述

2023年3月31日，闽潇服饰公司编制利润表。

二、业务流程

编制利润表业务流程		
流程 职位	流程1	流程2
业务部门		
公司负责人		审核
会计主管	编制利润表	
总账会计		
出纳		
成本会计	协助会计主管编制利润表	

三、实训资料

利润表

会企02表

编制单位：无锡闽潇服饰有限公司　　2023年3月　　单位：元

项目	本期金额	本年金额
一、营业收入		
减：营业成本		
税金及附加		
销售费用		
管理费用		
研发费用		
财务费用		
其中：利息费用		
利息收入		
加：其他收益		
投资收益（损失以“–”号填列）		
其中：对联营企业和合营企业的投资收益		
以摊余成本计量的金融资产终止确认收益（损失以“–”号填列）		
敞口套期收益（损失以“–”号填列）		
公允价值变动收益（损失以“–”号填列）		
信用减值损失（损失以“–”号填列）		
资产减值损失（损失以“–”号填列）		
资产处置收益（损失以“–”号填列）		
二、营业利润（亏损以“–”号填列）		
加：营业外收入		
减：营业外支出		
三、利润总额（亏损总额以“–”号填列）		
减：所得税费用		
四、净利润（净亏损以“–”号填列）		
（一）持续经营净利润（净亏损以“–”号填列）		

续表

项目	本期金额	本年金额
（二）终止经营净利润（净亏损以“–”号填列）		
五、其他综合收益的税后净额		
（一）以后不能重分类进损益的其他综合收益		
1.重新计量设定受益计划净负债或净资产的变动		
2.权益法下不能转损益的其他综合收益		
3.其他权益工具投资公允价值变动		
4.企业自身信用风险公允价值变动		
……		
（二）以后将重分类进损益的其他综合收益		
1.权益法下可能转损益的其他综合收益		
2.其他债权投资公允价值变动		
3.金融资产重分类计入其他综合收益的金额		
4.其他债权投资信用减值准备		
5.现金流量套期储备（现金流量套期损益的有效部分）		
6.外币财务报表折算差额		
……		
六、综合收益总额		
七、每股收益：		
（一）基本每股收益		
（二）稀释每股收益		

单位负责人：　　　　财务负责人：　　　　会计主管：

技能点3　现金流量表

一、业务描述

2023年3月31日，闽潇服饰公司编制现金流量表。

二、业务流程

编制现金流量表业务流程		
流程 职位	流程1	流程2
业务部门		
公司负责人		审核
会计主管	编制现金流量表	
总账会计		
出纳	协助会计主管编制现金流量表	
成本会计		

三、实训资料

现金流量表

会企03

编制单位：无锡闽潇服饰有限公司　　2023年3月　　单位：元

项目	本期金额	上期金额
一、经营活动产生的现金流量：		
销售商品、提供劳务收到的现金		3 612 886.95
收到的税费返还		
收到其他与经营活动有关的现金		2 432.98
经营活动现金流入小计		3 615 319.93
购买商品、接受劳务支付的现金		562 493.74
支付给职工以及为职工支付的现金		146 240.80
支付的各项税费		43 965.68
支付其他与经营活动有关的现金		212 254.94
经营活动现金流出小计		964 955.16
经营活动产生的现金流量净额		2 650 364.77
二、投资活动产生的现金流量：		
收回投资收到的现金		352 221.21
取得投资收益收到的现金		25 243.47
处置固定资产、无形资产和其他长期资产收回的现金净额		6 273.11

续表

项目	本期金额	上期金额
处置子公司及其他营业单位收到的现金净额		
收到其他与投资活动有关的现金		
投资活动现金流入小计		383 737.79
购建固定资产、无形资产和其他长期资产支付的现金		10 412.00
投资支付的现金		255 691.52
取得子公司及其他营业单位支付的现金净额		
支付其他与投资活动有关的现金		
投资活动现金流出小计		266 103.52
投资活动产生的现金流量净额		117 634.27
三、筹资活动产生的现金流量：		
吸收投资收到的现金		4 004 243.10
取得借款收到的现金		510 000.00
收到其他与筹资活动有关的现金		20 000.00
筹资活动现金流入小计		4 534 243.10
偿还债务支付的现金		1 130 963.05
分配股利、利润或偿付利息支付的现金		14 987.50
支付其他与筹资活动有关的现金		422.40
筹资活动现金流出小计		1 146 372.95
筹资活动产生的现金流量净额		3 387 870.15
四、汇率变动对现金及现金等价物的影响		
五、现金及现金等价物净增加额		6 155 869.19
加：期初现金及现金等价物余额		3 492 114.25
六、期末现金及现金等价物余额		9 647 983.44

单位负责人：　　　　　　　　财务负责人：　　　　　　　　会计主管：

项目六

纳税申报综合实训

任务一　增值税及附加税费纳税申报

一、业务描述

2023年3月31日，闽潇服饰公司编制增值税及附加税费纳税申报表，下月15日前进行增值税及附加税费的申报。

二、业务流程

增值税及附加税费纳税申报业务流程

职位 \ 流程	流程1	流程2	流程3	流程4
业务部门				
公司负责人				
会计主管		审核		
总账会计	编制增值税及附加税费纳税申报表		增值税及附加税费纳税申报	
出纳				税费缴纳
成本会计				

三、实训资料

增值税及附加税费申报表

（一般纳税人适用）

根据国家税收法律法规及增值税相关规定制定本表。纳税人不论有无销售额，均应按税务机关核定的纳税期限填写本表，并向当地税务机关申报。

税款所属时间：自2023年3月1日至2023 年3月31日

填表日期：2023年3月31日　　金额单位：元（列至角分）

<table>
<tr><td colspan="9">纳税人识别号（统一社会信用代码）：□□□□□□□□□□□□□□□□□□□□ 所属行业：</td></tr>
<tr><td colspan="2">纳税人名称：</td><td colspan="2">法定代表人姓名</td><td>注册地址</td><td></td><td>生产经营地址</td><td colspan="2"></td></tr>
<tr><td colspan="2">开户银行及账号</td><td></td><td>登记注册类型</td><td colspan="3"></td><td>电话号码</td><td></td></tr>
<tr><td colspan="2" rowspan="2">项　　目</td><td rowspan="2">栏次</td><td colspan="2">一般项目</td><td colspan="2">即征即退项目</td></tr>
<tr><td>本月数</td><td>本年累计</td><td>本月数</td><td>本年累计</td></tr>
<tr><td rowspan="2">销售额</td><td>（一）按适用税率计税销售额</td><td>1</td><td></td><td></td><td></td><td></td></tr>
<tr><td>其中：应税货物销售额</td><td>2</td><td></td><td></td><td></td><td></td></tr>
</table>

续表

销售额	应税劳务销售额	3				
	纳税检查调整的销售额	4				
	（二）按简易办法计税销售额	5				
	其中：纳税检查调整的销售额	6				
	（三）免、抵、退办法出口销售额	7			—	—
	（四）免税销售额	8			—	—
	其中：免税货物销售额	9			—	—
	免税劳务销售额	10			—	—
税款计算	销项税额	11				
	进项税额	12				
	上期留抵税额	13				—
	进项税额转出	14				
	免、抵、退应退税额	15			—	—
	按适用税率计算的纳税检查应补缴税额	16			—	—
	应抵扣税额合计	17=12+13−14−15+16		—		—
	实际抵扣税额	18（如17<11，则为17，否则为11）				
	应纳税额	19=11−18				
	期末留抵税额	20=17−18				—
	简易计税办法计算的应纳税额	21				
	按简易计税办法计算的纳税检查应补缴税额	22			—	—
	应纳税额减征额	23				
	应纳税额合计	24=19+21−23				

续表

税款缴纳	期初未缴税额（多缴为负数）	25				
	实收出口开具专用缴款书退税额	26			—	—
	本期已缴税额	27=28+29+30+31				
	①分次预缴税额	28		—		—
	②出口开具专用缴款书预缴税额	29		—	—	—
	③本期缴纳上期应纳税额	30				
	④本期缴纳欠缴税额	31				
	期末未缴税额（多缴为负数）	32=24+25+26−27				
	其中：欠缴税额（≥0）	33=25+26−27		—		—
	本期应补（退）税额	34＝24−28−29		—		—
	即征即退实际退税额	35	—	—		
	期初未缴查补税额	36			—	—
	本期入库查补税额	37			—	—
	期末未缴查补税额	38=16+22+36−37			—	—
附加税费	城市维护建设税本期应补（退）税额	39			—	—
	教育费附加本期应补（退）费额	40			—	—
	地方教育附加本期应补（退）费额	41			—	—

续表

<table>
<tr><td colspan="2">声明：此表是根据国家税收法律法规及相关规定填写的，本人（单位）对填报内容（及附带资料）的真实性、可靠性、完整性负责。

纳税人（签章）：　　　　　　　　　　　　　　　年　月　日</td></tr>
<tr><td>经办人：
经办人身份证号：
代理机构签章：
代理机构统一社会信用代码：</td><td>受理人：

受理税务机关（章）：　　　　受理日期：　　年　月　日</td></tr>
</table>

四、财税平台操作流程

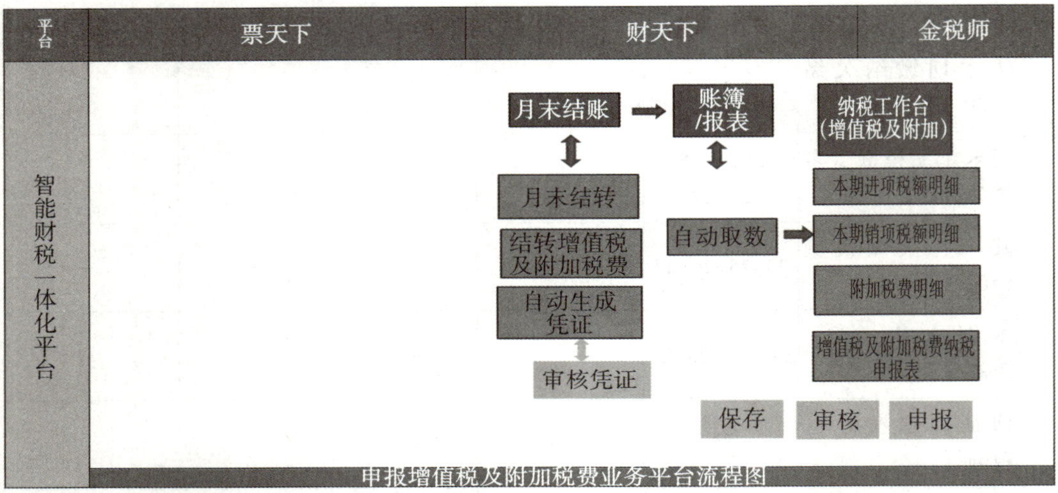

申报增值税及附加税费业务平台流程图

五、实训注意事项

1. 纳税人在网上申报系统客户端进行申报后可即时查询申报受理结果。如果系统显示“申报受理不成功”，纳税人可根据系统提示的信息修改申报数据并重新申报。系统显示“申报受理成功”后，纳税人发现申报数据有误需要进行修改的，应到主管税务机关办税服务厅办理作废申报，之后再重新进行网上申报。

2. 由于城市维护建设税、教育费附加、地方教育附加是由纳税人在缴纳增值税、消费税时同时缴纳的，因此其纳税期限、纳税地点分别与增值税、消费税的纳税期限、纳税地点一致。

任务二　第一季度企业所得税纳税申报

一、业务描述

2023年3月31日，闽潇服饰公司编制企业所得税申报表，下月15日前进行纳税申报。

二、业务流程

第一季度企业所得税纳税申报业务流程				
流程 职位	流程1	流程2	流程3	流程4
业务部门				
公司负责人				
会计主管		审核		
总账会计	编制企业所得税申报表		企业所得税的申报	
出纳				税金缴纳
成本会计				

三、实训资料

A200000 中华人民共和国企业所得税月（季）度预缴纳税申报表（A类）

税款所属期间：　　年　月　日至　　年　月　日

纳税人识别号（统一社会信用代码）：□□□□□□□□□□□□□□□□□□

纳税人名称：　　　　　　　　　　　　　　　　金额单位：人民币元（列至角分）

优惠及附报事项有关信息									
项　　目	一季度		二季度		三季度		四季度		季度平均值
	季初	季末	季初	季末	季初	季末	季初	季末	
从业人数	23	23							23
资产总额（万元）	1 635.23	2 108.74							1 871.99
国家限制或禁止行业	□是　□否				小型微利企业				□是 □否

续表

附报事项名称		金额或选项
事项1	（填写特定事项名称）	
事项2	（填写特定事项名称）	
预缴税款计算		本年累计
1	营业收入	
2	营业成本	
3	利润总额	
4	加：特定业务计算的应纳税所得额	
5	减：不征税收入	
6	减：资产加速折旧、摊销（扣除）调整额（填写A201020）	
7	减：免税收入、减计收入、加计扣除（7.1+7.2+…）	
7.1	（填写优惠事项名称）	
7.2	（填写优惠事项名称）	
8	减：所得减免（8.1+8.2+…）	
8.1	（填写优惠事项名称）	
8.2	（填写优惠事项名称）	
9	减：弥补以前年度亏损	
10	实际利润额（3+4-5-6-7-8-9）\ 按照上一纳税年度应纳税所得额平均额确定的应纳税所得额	
11	税率（25%）	
12	应纳所得税额（10×11）	
13	减：减免所得税额（13.1+13.2+…）	
13.1	符合条件的小型微利企业减免企业所得税	
13.2	（填写优惠事项名称）	
14	减：本年实际已缴纳所得税额	
15	减：特定业务预缴（征）所得税额	
16	本期应补（退）所得税额（12-13-14-15）\ 税务机关确定的本期应纳所得税额	

续表

汇总纳税企业总分机构税款计算			
17	总机构填报	总机构本期分摊应补（退）所得税额（18+19+20）	
18		其中：总机构分摊应补（退）所得税额（16×总机构分摊比例__%）	
19		财政集中分配应补（退）所得税额（16×财政集中分配比例__%）	
20		总机构具有主体生产经营职能的部门分摊所得税额（16×全部分支机构分摊比例__%×总机构具有主体生产经营职能部门分摊比例__%）	
21	分支机构填报	分支机构本期分摊比例	
22		分支机构本期分摊应补（退）所得税额	
实际缴纳企业所得税计算			
23	减：民族自治地区企业所得税地方分享部分：□免征 □减征：减征幅度　%	本年累计应减免金额［（12-13-15）×40%×减征幅度］	
24	实际应补（退）所得税额		
谨声明：本纳税申报表是根据国家税收法律法规及相关规定填报的，是真实的、可靠的、完整的。			
纳税人（签章）：　　　　年　月　日			
经办人： 经办人身份证号： 代理机构签章： 代理机构统一社会信用代码：		受理人： 受理税务机关（章）： 受理日期：　　年　月　日	

四、财税平台操作流程

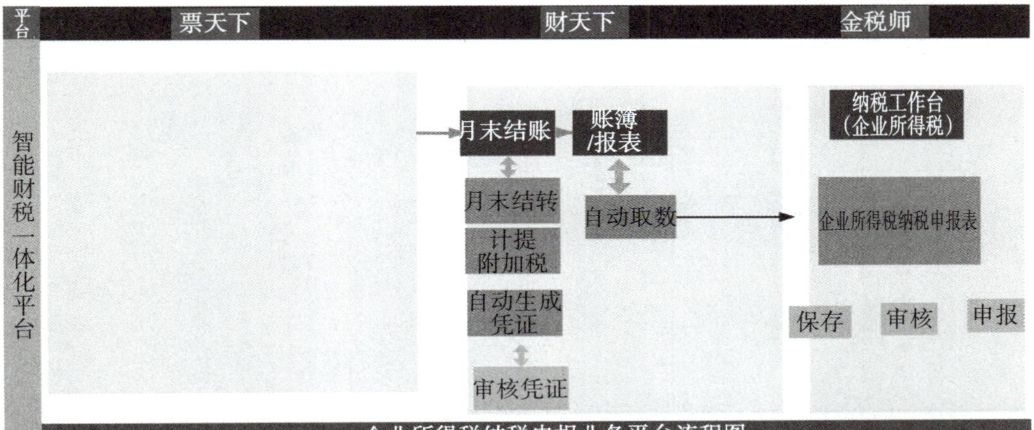

企业所得税纳税申报业务平台流程图

【学思践悟】某科技企业在党的二十大精神的引领下，积极履行纳税义务，规范开展企业所得税申报工作，树立了良好的企业形象。

该企业会计团队高度重视企业所得税申报工作，严格按照税法规定和税务部门的要求，认真核算应纳税额，确保申报数据的真实、准确、完整。在申报过程中，他们积极与税务部门沟通，了解政策变化，确保企业能够充分享受税收优惠政策，降低税收负担。

同时，企业会计团队还注重加强内部税务管理，建立健全税务风险防范机制，确保企业税务合规。他们定期开展税务培训，提高员工的税法意识和税务素养，为企业健康发展提供有力保障。

通过规范开展企业所得税申报工作，该企业不仅履行了社会责任，树立了良好的企业形象，也为企业的可持续发展奠定了坚实基础。这一案例充分体现了企业会计在税务工作中的重要作用，也展示了企业积极贯彻落实党的二十大精神、推动经济社会发展的实际行动。

主要参考文献

[1] 李占国. 基础会计学综合模拟实训 [M]. 5版. 北京：高等教育出版社，2023.

[2] 陈淑贤. 会计综合模拟实训教程 [M]. 2版. 北京：清华大学出版社，2020.

付裕 杨丽华 张烨 主编
杨欢 张铮 唐敏 刘祎 曹立 副主编

会计综合实训项目化工作手册

Project-Based Workbook of Accounting Integrated Practical Training

ISBN 978-7-5654-5294-9

定价：38.00元

大智移云
改革会计教学

业财合一·流程管控系列
国家级精品课程配套教材
中央高校教育教学改革项目研究成果

FUNDAMENTAL ACCOUNTING PRINCIPLES

会计学原理

（第三版）

施先旺 龚 翔 主 编
张 宸 周 磊 副主编

附赠全书视频讲解！

东北财经大学出版社
Dongbei University of Finance & Economics Press
国家一级出版社
全国百佳图书出版单位